ちくま学芸文庫

日本の外交

「戦後」を読みとく

添谷芳秀

JN177796

筑摩書房

目次

日本の外交――「戦後」を読みとく

まえがき

本書は、二〇〇五年にちくま新書として出版した『日本の「ミドルパワー」外交』の改訂版である。前著では、その問題意識と狙いを「まえがき」で以下のように論じた（一部略）。

＊

一歩日本の外にでると、日本外交に対するきわめて根深い思いこみが存在することをつねに思い知らされる。そこには、相いれないふたつの認識が共存している。ひとつは、日本は経済の図体だけは大きいが、政治安全保障の分野では国際的な役割を果たそうとしないという認識である。その種の議論は、戦後の日本が憲法九条を隠れ蓑にして国際的な責任を回避してきたことを批判する。

もうひとつは、究極的には核武装も含めて日本が「軍事大国化」に向かっているという思いこみである。この認識の強さは、中国や韓国に限ったものではない。国際会議等で日本がついに戦後の殻を破って自己主張を始めたのではないかという話になると、それまで存在感の薄かった日本に対する議論が一気に熱を帯びることはしばしばである。諸外国の人々が、日本の「普通の国」論や、北朝鮮の脅威に触発された勇ましい安全保障論議、ひいては憲法改正への動きを目のあたりにして反射的に思い描くのは、こうした伝統的大国としての日本である。今日の日本の変化を報道する諸外国のマスコミが前提にするのも、まさにこうした大国日本のイメージに他ならない。

実は戦後を振り返ってみると、国際政治や日本の政治が大きく動いた際には、日本がついに戦後のくびきから脱するという主旨の「岐路にたつ日本」という議論がしばしば提起されてきた。しかし、その予測が現実のものになることはなかった。それは、積極的にみえる日本外交は実際には、日本の政策当局者が、国際社会への関与に後ろ向きな日本外交を立てなおそうと努力した結果であったからである。冷戦後においても、一九九一年の湾岸戦争で「小切手外交」と揶揄された経験をふまえカンボジアの国連暫定統治機構（UNTAC）にようやく自衛隊を送ってから、最近のイラクへの自衛隊派遣までの経験は、大きな図式でみれば、日本が平和憲法に制約されながらも国際的な安全保障への参画を着実に深めてきたプロセスに他ならない。

そうした日本外交の実態は、右に述べたふたつの思いこみの中庸に位置していたということができるだろう。しかし、そのことを的確に理解する認識は、残念ながら確立されてこなかった。諸外国の専門家のなかには、冷戦後日本外交の変化の背景と意味を比較的正確に理解する人も少なくはない。そして彼らは、日本が国際問題に積極的に関与するようになった変化を基本的に歓迎する。しかし、そうした研究者ですら、今後の話になると、「憲法九条を改正しようとしている日本の変化が、核武装を含めた日本の軍事大国化へと展開しないように注意する必要がある」、という類の政策提言を真剣に議論する。

憲法の改正も含めて戦後はじめて本格的な外交の再設計を進めつつある日本は、今後ますます、過小評価と過大評価の間でゆれる諸外国の思いこみを、日本にとっての重要な国際環境として受けとめなければならないだろう。しかし、日本国内の外交論争をみていると、外交には国際環境があり相手があるというごく当たり前のことが想定されていないことが多すぎるように思う。そうした内向きの議論は、諸外国の思いこみをますます強化し、日本外交の自由度を著しく制約する結果をもたらしてしまっている。かつては、本来中庸路線であったはずの日本の防衛安全保障政策を、「軍事化」や「右傾化」という概念で批判しつづけた戦後平和主義の議論がそうであったが、今日では、日本外交の「ふがいなさ」を攻撃する国家主義的論調が似たような弊害をもたらしている。

本書で詳しくみるように、憲法九条と日米安保条約を二本柱とする吉田路線に支えられた戦後日本外交は、平和主義と伝統的国家主義の双方から挟みうちにされてきた。それは、左右のイデオロギー的立場が日本外交のそれぞれ異なった側面に異なった理由で反発するという構図にあった。その結果、両者の中庸に位置する日本外交の足元をみつめた、等身大の戦略論が育たなかったのではないだろうか。本書は、そんな問題意識から、戦後日本外交の実像が「ミドルパワー外交」にあったということを論じ、そこから日本外交の将来構想を描こうとする試みである。

大国外交とミドルパワー外交の間の重要な相違は、物理的な国力の違いにあるというよりは、力をどのような影響力に転化できるかということにある。大国外交は、軍事力を最終的な拠り所として、いざとなれば自国の歴史観、価値観、利益をごり押しすることに躊躇しない。それに対してミドルパワー外交は、たとえ一定の力をもっていたとしても、大国外交のような一国主義は放棄し、大国が繰り広げる権力政治の舞台からは一歩身をひいて、大国外交には本来なじまない領域においてこそ重要な影響力を行使できる。

本書が明らかにするように、戦後日本外交は、実態はこうした「ミドルパワー外交」に近いものであったにもかかわらず、右にいう「大国外交」を志向しているのではないかという眼差しでみつめられてきた。日本の政治指導者やその対抗勢力も、そうした日本外交のねじれをほとんど自覚せず、むしろますます固定化するかのような対応を繰り返してきたように思える。

そのねじれの根拠を解き明かすことこそ、戦後日本外交理解の鍵であり、今後の日本の外交戦略を打ちたてるうえで不可欠な作業なのではないかと思う。日本が憲法改正を含めて国家像と外交像を懸命に模索している今日、本書があえて「ミドルパワー外交」という視角で問題提起を行おうとする趣旨はそこにある。（二〇〇五年三月）

＊

前著の執筆を進めていたのは、小泉純一郎内閣（二〇〇一年四月～二〇〇六年九月）の最中であった。そこで論じた問題意識をもち始めたのは一九九〇年代であったが、それは今日においても基本的に変わっていない。それどころか、二度にわたる安倍晋三内閣（二〇〇六年九月～二〇〇七年九月、二〇一二年十二月～現在）の外交安全保障政策は、数の力で反対勢力を抑えこもうとする手法も手伝って、国内の政治社会的亀裂をますます深めている。安倍首相の憲法改正に臨む姿勢も、本質的に同様の結果をもたらしているようにみえる。

安倍首相は、二〇〇六年九月に政権をとるにあたり、アメリカによる占領改革をリセットし自主憲法を制定することなしに真の独立を達成することはできないという強い信条を披露し、そのために「戦後レジームからの脱却」を唱えた。そこに敗戦と占領の歴史に向きあえない思いがあったことに、多くの説明はいらないだろう。しかし現実には、安倍政権の外交は一貫して日米関係の強化に邁進してきた。本書では、敗戦と占領を拒絶する思いからの改憲の試みと日米安保関係強化の組み合わせを、「安倍路線」と呼ぶこととする。

左の表にあるとおり、「安倍路線」と「吉田路線」の本質的な相違は、敗戦と占領の受けとめ方にある。戦後長い間、敗戦と占領を受容し日米安保関係を拒絶してきたのが、戦後平和主義の立場にたつ政治外交路線であり、それはしばしば「一国平和主義」とよばれてきた。その路線は、第五章でみるとおり、村山富市内閣によって日米安保関係を是認する方向へと方針転換が図られた。すなわち、吉田路線への接近ないしは吸収である。対して、敗戦と占領の歴史を拒絶し、日米安保関係をも拒否すれば、それは文字どおりの自主独立路線である。それが現実の選択肢になり得ないなかで、その立場は「日本中心主義」として日本の外交政策決定過程や議論に一定の影響を与えてきた。そうしたなか安倍首相は、日本会議の「日本主義」（後述）に心を寄せつつも、現実には日米安保関係の強化に邁進している。その安倍路線の吉田路線との本質的な差異は、敗戦と占領を拒絶する思いと憲法改正への強い意欲に表れているといえる。

本書の執筆時点で、安倍路線を特徴づける改憲の前途は多難である。それどころか、「真の独立を達成するための自主憲法の制定」という本来の主旨は、ほとんど雲散霧消し

外交路線の4類型

		敗戦と占領	
		受容	拒絶
日米安保	受容	吉田路線	安倍路線
	拒絶	一国平和主義	日本中心主義

たといえる。その背景は多様だろうが、本質的には、第五章で詳しく論じるとおり、敗戦と占領の歴史を受容することなしに戦後憲法の改正は不可能であるという「戦後の真実」が作用しているというべきだろう。

その結果、「戦後レジームからの脱却」という衝動に端を発する安倍首相の外交安全保障政策の実態は、あたかも見えざる手に導かれるように、筆者のいうミドルパワー外交の枠内に収まっている。その様は、憲法九条と日米安保条約を二本柱とする吉田路線が、左右の政治社会勢力の圧力を吸収しつつ生きながらえてきたことと、本質的に同じ情景にみえる。つまり、吉田路線を軸に分裂した「右」の伝統的国家主義と「左」の戦後平和主義が対峙する日本外交の「戦後」は、様々な挑戦にさらされながらも、今日においても依然としてそのゆがみを抱え続けているのである。

こうして、前著の出版から十二年が過ぎた今日、日本外交には重要な変化が起きているようにみえても、ミドルパワー外交論が提起する問題は、本質的には変わっていないように思える。それは、「敗戦」の歴史ゆえに本来は相いれない戦後憲法と日米安保条約を抱えこむことになった「戦後」への視座が、いまだに確立していないことを意味している。その「戦後」を的確に読みとかなければ、そこに潜む問題を乗りこえる日本の外交戦略の最適解もみえてこないだろう。

本書では、前著の議論の修正は最小限にとどめつつ、以下の二点に関しやや大きめの改訂を行った。ひとつには、戦後日本外交の通史としての読み方を意識し、前著での記述を時系列的に整理した。第二に、「戦後」を読みとくという視座から、前著を出版してから十余年の新たな展開を考察し、加筆した。今、日本の周りや世界を見渡せば、国際秩序には様々な遠心力が働き、その将来は極めて不透明である。そんな時代の不安感からか、日本では「戦後」の来歴を無視した主体性論議が盛んである。読者には、そうした時だからこその問題提起の意味を受け止めていただければ幸いである。

二〇一七年七月

序　章

「戦後」の何が問題か

1　外交路線のねじれ

一九四五年に戦争に敗北した日本は、歴史上稀にみる復興と驚異的な経済成長をなしとげた。戦後憲法を前提とし日米安保関係を基軸とする外交路線が、その成功物語をもたらしたことは間違いないだろう。それは、戦後の日本社会に民主主義を育み、自国の防衛を含めた安全保障のコストを著しく軽減し、戦争で荒廃した日本の復興と国際社会への統合をうながした。

その土台を築いたのは、占領から独立にかけて日本の政治と外交を担った吉田茂であった。吉田が選んだのは、憲法九条を維持したまま日米安保条約を締結し、サンフランシスコ講和条約によってアメリカ主導の戦後国際社会に復帰する道であった。そこには、戦後は集団防衛の時代であり一国の軍事力だけを考えても外交戦略にならないという、戦後国際政治への洞察と敗戦国日本の「戦後リアリズム」とよぶにふさわしい国益判断があった。

そこに成立したのが、戦後憲法と日米安保条約を二本柱とする吉田路線であった。しかし、日本を経済大国に押し上げたその吉田路線こそが、外交路線をめぐる国内政治対立および国家像の混乱の源となった。一方の平和主義勢力は、野党および護憲の立場から日米安保関係に反対した。他方、保守主義勢力は一九五五年に結成された自由民主党に集結し、どこか対米依存への違和感を心に抱きながらも、日米基軸主義と改憲を党是としてきた。これらの政治勢力は、吉田路線に潜む構造的問題に正面から向き合わず、むしろその問題を体現する対立を繰り返してきたといえる。

日本外交の構造問題とは、端的にいえば、吉田路線を支える二本柱である戦後憲法と日米安保条約がもたらすねじれのことである。憲法の背景にあるのは冷戦発生以前の戦後処理の論理であり、日米安保条約を生んだのは、一九四七年に欧州で発生し徐々にアジアに拡大した冷戦であった。両者は、まったく異なった国際政治を背景として生まれたものであり、そのふたつが同時期に構想されることはあり得なかった。その意味で、国際政治との関係性において、戦後憲法と日米安保条約は水と油の関係にあった。その結果、敗戦と憲法を受容する平和主義路線と、冷戦の下で憲法改正を党是とする歴代自民党政権の外交路線が対立する構図が出現したのである。

その後事実上改憲論議がタブーとなるなかで、冷戦下の日本外交は、憲法と日米安保条約がもたらすねじれを甘受したうえで創意工夫を加えるものとなった。そこに成立してきたのが、外務省主導のオーソドックスな戦後日本外交であったといってよいだろう。その基盤となったのが、日米基軸主義であった。日米安保関係が機能する限りにおいて、憲法九条を前提とする防衛安保政策を維持することが可能となり、両者の間のねじれを水面下に押しとどめておくことができた。こうして、次章以下で詳しくみるように、ねじれに由来する種々の問題は、結局は日米安保関係を基軸とする構図に収まる形で収束し、そこに日米安保関係を手放せない日本外交の実像が示されていた。

冷戦期において、アメリカ主導の西側世界が繁栄を享受するなかで、日本も目覚しい経済成長をとげると、吉田茂の選択がその土台を築いたという理解が広まった。その結果、一九七〇年代後半になって吉田路線を「吉田ドクトリン」へと昇華させる認識が生まれた。そこにおいて、吉田路線は戦後体制、すなわち「戦後レジーム」に高められたといえる。その土台には「敗戦」の歴史があった。したがって歴代の自民党政権は、歴史問題および領土紛争や軍事的紛争に対しては、一貫して低姿勢を貫いてきた。

ところが、一九八九年に冷戦が終焉しポスト冷戦の時代に入ると、日本外交をめぐる国内政治に重要な変化が生じた。まず、一九九一年の湾岸戦争への対応に失敗したことによって、憲法九条が国際貢献の障害になっているという感覚が生まれ、国際主義に立脚する改憲論が唱えられ始めた。しかし皮肉にもその結果、左の外交路線が弱体化し、歴代自民党政権の外交路線が変質し始めた。「戦後レジームからの脱却」という衝動が端的に示すように、戦後が成功物語であったというオーソドックスな感覚が揺らぎ始めたのである。

こうした右からの戦後レジームへの違和感は、冷戦時代にも存在した。しかし、本書でもみるとおり、それが政権の中枢から公に主張されることはなかった。ところが、一九九〇年代終盤ごろから、「敗戦」や占領期の改革への拒否感を背景とし、日本の軍事力に意味づけを与えようとする右からの改憲論が優勢になるのである。

しかしながら、戦後レジームに対するフラストレーションは、今日でも冷戦時代と同様その枠内に引き戻されるというパターンを繰り返している。他で詳しく論じ（添谷『安全保障を問いなおす』）、本書でも概観するように、集団的自衛権の限定的行使を可能にした平和安全法制（二〇一五年九月成立）をめぐる政治過程の顚末が、そのことを端的に示した。結局のところ、集団的自衛権の限定的使用が憲法九条の論理で正当化され、日米安保関係はますます強化されたのである。

ただ、それでも日本外交を規定する戦後レジームに対する情緒的反発は、日本の政治と社会で一定の影響力を持ち続けている。結局のところ、そのことは戦後憲法と日米安保関係を二本柱とする外交の構造的なねじれへの不適合現象だといえるだろう。換言すれば、ねじれを解消するための的確な外交論の視座は、いまだに確立していないのである。前著（添谷『日本の「ミドルパワー」外交』）から本書に引き継がれる筆者の問題意識は、まさにそこにある。

次章以下で本論に入る前に、以上の論点を敷衍しておこう。

2 国家像の分裂

上述のとおり、冷戦発生以前と以後にまたがる吉田茂の選択は、占領から独立にかけて日本社会の分裂を助長した。右と左の政治勢力が、それぞれ正反対の論理から、吉田路線を支える二本柱である戦後憲法と日米安保条約への違和感を深めたのである。すなわち、伝統的国家主義者は、憲法九条が主権国家としての日本の主体性を損なうことを問題にし、平和主義者は、日米安保関係を、憲法九条をないがしろにし、平和国家日本の主体性を損なうものとして批判した。

このことは、日本のナショナリズムと国家像が左右に分裂したことを意味していた。権力政治に関与しない平和国家日本のイメージと、それとは逆の伝統的大国としての日本イメージである。こうしたなかにあって、歴代自民党政権は、戦後憲法と日米安保条約に根ざす外交路線を左右のナショナリズムの攻撃から擁護しながらも、国家像の分裂に自ら整理をつけられないできた。

日本政府は、戦後一貫して日本が平和国家であることを意識的に語ってきた。この視点からは、日米安保関係下の日本の役割分担は、日本の軍事的役割の増大としてではなく、アジア太平洋の平和と安定にとっての貢献として意義づけられてきた。日本の『外交青書』が日米安保関係が安定することでアジア諸国の対日警戒心が薄らいでいる点を論じ、事実上日本政府自らが、日米安保関係が日本の「軍国主義」復活を封じ込めているという「瓶の蓋」論を展開することもあった。

その一方で、日本政府は、しばしば大国外交をも語ってきた。日本が国際社会において大国としての役割を果たさなければならないということは、外交当局者の間ではむしろ常識的感覚であった。しかし、大国日本に、「大国面《づら》をしない大国」（栗山尚一元外務次官）とか「ハンディキャップ大国」（小和田恆元外務次官）といった形容詞をつけざるを得ないところに、国家像の混乱が示されていた。

こうして冷戦期の日本外交は、平和国家日本と大国日本という分裂した国家像が、日米安保関係を基軸とする外交路線を、左右からときに圧迫しときに引き裂くという構図をもっていた。そこでの政治対立や論争は、日米安保関係を手放せない日本外交の身の丈にあった役割の模索にほとんど寄与せず、むしろ足枷になってきたとすらいえる。その結果、戦後日本外交のかなりのエネルギーが、内外における相反する圧力への対応に費やされてきた観がある。対外的には、平和国家日本の消極姿勢に対する批判への弁明と、大国日本に対する懸念への対処、国内的には、対米軍事協力や防衛力拡大を批判する戦後平和主義に対する反駁と、主体性欠如を叫ぶ伝統的国家主義からの圧力への対応、である。

こうして冷戦期をとおして、日米安保関係を基軸とする中庸的な戦後日本外交は、一貫した姿がみえないという批判にさらされてきた。日本の政策当局者からしばしば漏れてくる「日米安保関係さえ損なわなければ日本外交は何とかなる」という類の本音の背景には、以上のような戦後日本の「二重アイデンティティ」をめぐる自縛的状況があったといえる。そのことに対して、右と左から対米従属や主体性欠如という批判が向けられるという外交論争のあり方は、日本人自らがますます自分たちの手足を縛る悪循環以外の何物でもなかった。

3 冷戦の終焉と日本主義の浮上

一九八〇年代の終わりから一九九〇年代にかけて冷戦が終焉して、戦後日本外交をめぐる状況はどのように変わったのであろうか。最も明白で重要な変化は、一九九四年に日本社会党委員長の村山富市を首班とする自民党との連立内閣ができたとき、社会党が自衛隊と日米安保条約の合憲性をあっさりと認めたことであった。それは、戦後平和主義を拠り所としてきた社会党にとってほとんど自殺行為であり、その結果、国政の場において戦後平和主義を代弁する政治勢力はあっという間に自壊した。

そのことは、事実上の中庸路線を支える日米安保関係の強靭さを証明した出来事でもあった。一九五五年体制下で、万年野党であることを前提にした政治闘争を繰り広げているうちはよかったが、責任ある政権党になった以上は、日本外交の基軸を受けいれる以外、選択肢はなかったのである。

それはまた、冷戦時代の日本外交論争が、基本的選択としては代替案のない日米安保関係の是非をめぐって展開されてきたことの不幸を、如実に示す出来事でもあった。日米安保関係を前提とした上での建設的な外交論争は、冷戦時代の日本社会にはほとんど根づいていなかった。

一九九〇年代に入って、日本人の間で日米安保関係を支持する世論は着実に高まり、「日米防衛協力のための指針（ガイドライン）」の見直し等、日米安保協力の仕組みの制度化が進んだ。そのことには、国際政治的には冷戦の終焉、外交の現場では湾岸戦争で何もできなかった日本の「敗北」（五百旗頭編『戦後日本外交史』）、そして国内政治における戦後平和主義の後退が、それぞれ相乗効果をもって作用していた。

その結果、一九九〇年代の日本外交論では、日米安保体制を前提とした新たな構想が語られるようになった。その最も代表的なものは、小沢一郎の「普通の国」論（小沢一郎『日本改造計画』）、そして船橋洋一が唱えた「世界民生大国（グローバル・シビリアン・パワー）」論である。それらは、戦後日本の「二重アイデンティティ」の視角からみると、分裂した外交路線を統合しようとする試みとしての意味をもっていた。

「普通の国」論は大国イメージに、「世界民生大国」論は平和国家イメージに傾斜しているという意味では、必ずしも国家像の分裂を解消したとはいえないものの、日米安保関係を基軸とした外交論であるというのは、重要な共通項であった。そこには、戦後左右に分裂してきた外交路線が、日米安保関係を基軸とする国家像に収斂しはじめたという力学を読みとることができる。さらに、両者に共通するのは、普遍的価値を志向する国際主義であった。

ところが、一九九〇年代後半以降の日本外交において、国際主義に基づく変革の流れが定着することはなかった。それどころか、明治時代以降の価値観を復興し、占領期の改革をリセットしようとする「日本主義」が浮上し始めた（菅野『日本会議の研究』）。そしていつの間にか、国際主義的発想に立つ一九九〇年代初期の外交論と改憲論が、国家主義的な政治趨勢にからめとられるようになる。

にもかかわらず、いまだに憲法も日米安保条約も不変であり、戦後レジームは依然として安泰である。そのことは、詳しく後述するように、日本主義が戦後レジームの代替にはなり得ないことを示している。その結果、戦後レジームは継続し、日本主義に根ざすフラストレーションが行き場のないままさまよい続けている。

そうした「戦後」の混迷から抜けだすためには、戦後日本外交の土台を形成していた憲法と日米安保関係のねじれを解く論理を、戦後レジームの内側から構想することが重要である。そのためには、究極的には憲法九条の制約を取り払い、日米安保関係を再構築することが求められる。

そのシナリオは、表面的には、現在安倍晋三首相が進めようとしていることに似ているようにみえるかもしれない。ただ、ここで決定的に重要なのは、「あの戦争」の歴史を必ずしも否定的にとらえず、「敗戦」の事実や占領期の改革へのトラウマをぬぐい切れない日本主義に立つ改憲論では、行き場がないということである。事実、安倍首相が唱えた「戦後レジームからの脱却」は方向感覚を失い、現在の自民党主導の改憲論も迷走している。

それは、あの戦争の歴史と戦後憲法は、コインの表裏として強固に結びついているからである。それを前提とする限り、片務的な日米安保関係が日本外交の基軸にならざるを得ないというのが、日本外交の「戦後」なのであった。そのコインから憲法を引きはがす(改正する)のであれば、戦争の歴史の清算が不可欠となる。そこにおいてはじめて、「『戦後』後」の視界が開けてくるのである。

筆者が長年リベラルな国際主義に立つ「左からの改憲」を唱えてきたのは、その意味においてである。そのことによって、日本の国家像の混乱は解消され、日本の「ミドルパワー外交」を明示的に、グローバルに展開することが可能となり、日本の国際的な役割と地位は格段に高まると思うのである。

4 ミドルパワー外交の視角

戦後日本外交に執拗につきまとう国家像の分裂を乗り越えるための知的作業の第一歩は、戦後日本が国際社会に復帰する道筋を示した吉田茂の選択の意味を、もう一度振り返ってみることだろう。それは、戦後憲法と日米安保条約に支えられてきた戦後レジームの功罪を見極め、なぜそれが今日まで強靭に存続してきたのかを考える作業に他ならない。次章以下でみるように、自民党の伝統的国家主義者がはやばやと一九五〇年代に、戦後平和主義を支える社会党が遅ればせながら一九九〇年代になって、それぞれ日米安保関係を基軸とする外交路線に歩み寄った。そこでは、吉田の選択に潜む何らかの本質的要素が作用していたはずである。

憲法九条を変えずに日米安保関係を基軸とした吉田の選択は、二重の意味で大国間権力政治から降りた戦後日本を象徴していた。それは、第一に、共産主義に対する共同防衛と相互依存の重要性を認識する国際政治への洞察を基に、伝統的な防衛政策に禁欲的であろうとする決意を示していた。そして第二に、国内体制に対する軍国主義と共産主義の脅威に備えながらも、対外的には自立した大国としての単独外交戦略を放棄したことを意味していた。吉田の決断は、米ソ対立を軸とする冷戦を所与のものとし、その次元の大国間権力政治には直接関与せず、第一義的国家目標であった国内体制の安全と戦後復興を果たすために、憲法九条を堅持したままアメリカ主導の民主主義陣営と国際社会への参画の道を拓いたのである。

こうした吉田の選択を源流とする戦後日本外交の実態は、「ミドルパワー外交」とよぶのがふさわしいだろう。戦後カナダが活発に展開したミドルパワー外交論には、自らを国力の観点から「中級国」と位置づける視点と、外交の質に着目して大国間関係の中間領域で本領を発揮する「中間国」とみなす観点とが混在していた（櫻田『カナダ外交政策論の研究』）。その後オーストラリアも同様の外交論を展開するようになり、ガレス・エヴァンズ外務大臣（当時）が、一九八〇年代終盤以降のアジア太平洋地域での多国間外交を、中間国家的視点から意義づけて「ニッチ（隙間）外交」と呼んだことがある。

こうして、本来のミドルパワー概念には、国の規模や国力を示唆する意味合いがつきまとうが、より本質的に重要なのは、外交資源をつぎこむべき領域であり、そこでの外交課題である。したがって本書は、日本が中級国家としてのミドルパワーであるかどうかということには重きをおかないし、その問いにはあまり意味がない。

国力が中級より大きいとしても、そのことと外交資源をミドルパワー外交につぎこむということは、決して矛盾することではない。とりわけ重要なのは、アジア侵略の歴史を背負い国家像の分裂に引き裂かれる日本外交に、大国外交の選択肢は実質的にないということである。そもそも大国外交は、自国中心的な歴史と伝統および価値に支えられた一国主義（ユニラテラリズム）を特徴とし、軍事力を外交の最後の拠り所とし、大国間政治や安全保障の領域を中心とした国際システムの基本構造を左右する。それに対し、大国が規定する国際システムを所与とし、かつ大国との全面的対立を外交上の選択肢として放棄しつつも、それ以外の領域で一定の主体性を保持し、そこから間接的に国際システムに働きかけようとする外交が、ミドルパワー外交なのである。

それは、戦後一貫して日本外交の実像であり、実態のない大国意識はあたかも見えざる手に導かれるように戦後レジームの枠組みに引き戻されてきたのである。

にもかかわらず、日本国内における日本外交論、および諸外国、特にアジアの近隣諸国に優勢な対日認識は、地政学や権力政治的視角を重視する伝統的な大国としての日本を前提にしたものが多い。それは、戦後の長い冷戦時代においてもそうであった。たとえば、冷戦期のアジアにおける国際政治の基本構造は、米ソ両国と中国による戦略的トライアングルによって形成されてきたが、同時に、米中ソ三国に日本を加えた「四大国」という発想が一人歩きしてきた。

日米中ソを「四大国」として扱う視角は、とりわけ朝鮮半島を取り巻く北東アジア情勢を語る際に、専門家も含めて常識的に使用されてきた。確かに戦前の日本外交は、アジアの国際政治を左右する大国外交そのものであった。しかし、その種の大国間権力政治の舞台から降りたのが、戦後日本外交に他ならなかった。日本を米中ソ三国と同質の国として扱う見方が、東アジアの国際政治構造を語るにしても、日本外交を論ずるにしても、実態とかけ離れていることは明白であろう。

冷戦終焉後は、ロシア外交の停滞が続くなかで、中国の台頭および米中戦略関係の重要性が際立つようになった。ここでも、アジアの安全保障を論ずる際に日米中関係という認識枠組みが、しばしば当たり前のように使われる。しかし、米中両国と日本を同列におく国際政治認識や日本外交論に、ほとんど実態はない。

諸外国における、大国日本にとらわれた日本外交論には、日本外交の実態の説明というよりは、ない腹を探る陰謀論的解釈に陥る危険性がつきまとう。現実の日本外交は、大国外交の視角から説明がつかないことが多いから、どこか本音のところに陰謀を隠しているはずである、という疑惑が向けられるのである。お隣の韓国や中国で優勢な日本外交認識に、その種の傾向が強い。

また、日本の伝統的国家主義者が大国日本を前提に日本外交を論ずる際は、これも日本外交の実像の対外発信というよりは、大国外交であるべきだという意気込みの表明、およびその裏返しとしての日本外交批判であることが多い。一九九〇年代半ばの「日米防衛協力のための指針（ガイドライン）」の改定の経験が示したように、アジア諸国の疑念を払拭するために払われた外交努力には膨大なものがあった。無自覚にせよ、日本をアメリカや中国と同列におくかのような日本外交論は、日本外交の実態の説明としても、今後の日本外交の指針としても、ほとんど有効とは思えない。

本書は、以上のような問題意識に基づいて、戦後日本外交をミドルパワー外交の視点からとらえなおし、そこから日本外交の「戦後」が抱えてきたねじれや自縛的悪循環を解きほぐす視点を発掘し、日本外交再設計の方向性を示そうとする試みである。

第一章

戦後日本の再生

1 戦後日本外交のねじれ

日本外交を規定してきた戦後レジームの二本柱は、憲法九条と日米安保条約であり、いずれも吉田茂による決断であった。吉田の名をとって、その外交路線は吉田路線ともよばれてきた（本書では、吉田路線と戦後レジームを同義の概念として使用する）。吉田が首相として政権を担当したのは、一九四六年五月から一九四七年五月までの一年と、一九四八年十月から一九五四年十二月までの六年、合計七年であった。その二つの時期は、戦後国際政治を四十年以上にわたって規定することになる冷戦の発生をまたいでいた。

憲法九条を中核的要素とする戦後憲法が公布されたのは、一九四六年十一月三日（一九四七年五月三日施行）、すなわち冷戦発生以前である。他方、一九五一年九月八日に調印された日米安保条約（一九五二年四月二十八日発効）は、冷戦の産物であった。こうして、吉田の占領初期と占領後期の決定は、それぞれ全く異なる国際環境の下で行われ、吉田路線には、冷戦前の戦後構想を反映した憲法九条と、冷戦の産物である日米安保条約が共存することとなったのである。その結果、日本の政治と社会は分裂し、日本外交にはねじれが生じた。

　国際政治を二極化させた冷戦は、米ソ対立によってヨーロッパの分断が構造化されることで始まった。その転機となったのは、一九四七年三月の「トルーマン・ドクトリン」と同年六月の「マーシャル・プラン」である。前者は、アメリカがイギリスからギリシャとトルコへの経済援助を肩代わりするにあたって、議会に出向いたトルーマン大統領が、議会とアメリカ国民に対して、自由な生活様式を守るために共産主義の脅威に対抗する論理を打ちだしたものである。その二元論的対立の論理が後の冷戦をイメージさせたことから、後知恵的に「冷戦の宣戦布告」とよばれることもある。

　マーシャル国務長官が発表した「マーシャル・プラン」は、「トルーマン・ドクトリン」と同様の論理から、復興援助をヨーロッパ全体に拡大する計画であった。それは、ソ連の影響力下におかれた東欧諸国が復興援助計画への参加を拒むであろうことをみこして、全ヨーロッパを対象としていた。そして、アメリカの思惑どおり、ソ連が「マーシャル・プラン」への東欧諸国の参加を阻止したことが、ヨーロッパの分断を構造化させるさきがけとなった。

　そのさなか、「マーシャル・プラン」策定の中心人物であった国務省政策企画室のジョージ・ケナンは、権威ある外交雑誌『フォーリン・アフェアーズ』（一九四七年七月号）に、

Xという匿名で「ソ連の行動の源泉」と題する論文を発表した。それは、ソ連の拡張主義的行動は自国の安全保障に対する本能的な不安感から生じているものであり、ソ連に通常の外交交渉による譲歩を求めることがそもそも不可能であることを論じ、アメリカ国民に長期的で辛抱強い対ソ「封じ込め」が必要であることを説いた。

占領下の日本は、こうして国際政治が二極化する趨勢に翻弄された。冷戦の発生とそのアジアへの拡大に大きく揺さぶられるなかで、憲法九条を堅持したまま日米安保条約を締結した吉田の選択は、外交路線をめぐる政治対立を構造化させる触媒となった。

伝統的国家主義者は、はやくから憲法改正を唱えた。また、伝統的ナショナリズムの信条からして、日本の主体性を損なう日米安保体制への違和感もぬぐえなかった。それとは逆に、戦後平和主義者は、憲法九条にもとづく平和主義路線を損なうものとして日米安保条約を攻撃した。そして、日米安保条約なき日本の選択として、非武装中立論を唱えた。憲法九条を堅持する立場は一見吉田の選択と同様であったが、それを文字通り金科玉条ととらえる平和主義と、現実との妥協の結果としての護憲の立場との間には、本質的な開きがあった。

吉田は、こうした右と左からの挑戦に対して闘わなければならなかった。したがって、吉田路線の定着とは、日本の政治社会の分裂と日本外交のねじれが構造化されることでもあった。拠って立つ基盤が最初からねじれていた日本外交の実態については、次章以下で概観する。ここでの問題は、占領下の吉田の選択が不可避であったのか、戦後日本の再生のためにそれ以外の基本路線があり得たのか、ということにある。以下、日本敗戦の時期に戻って検討してみよう。

2 冷戦以前

†非軍事化と国家の救済

一九四五年八月に日本の敗戦で幕を閉じた戦争の過程と背景は複雑だが、その終盤で「大東亜共栄圏」のスローガンを唱えた日本外交は、アジアの国際政治を一国で振り回した大国外交そのものであった。アメリカを中心とした連合国による戦後処理を支える基本的発想は、再びアジアの国際政治をかき回すことのないよう、日本を民主化し、かつ軍事的に無力化することにあった。たとえば、当初徹底的に進められた財閥解体や農地解放は、日本社会の民主化、および軍部を支えた大資本を解体する非軍事化としての意味合いをもっていた。同時に、経済復興は、国際社会のお荷物にならない程度の限定的なものにとどまることが意図された。

当時の日本国民の多くは、軍国主義からの解放感を味わうとともに、改革者としてのアメリカを歓迎した。政治指導者も、アメリカの戦後改革を忠実に受けいれ、よき敗者であろうとした。そこには、戦勝国主導の国際秩序に復帰することで、国家を救い、生まれ変わった日本の再生を確かなものにしようとする決意があった。

同時に、当時の政治指導者は、占領政策に直面するなかで、いわゆる「国体護持」すなわち天皇制の堅持にこだわった。戦争中から軍部に批判的であった吉田茂にとっても同様だった。当時の多くの日本人にとって、天皇制は精神的な支柱だった。そのことは、日本の戦後改革を先導したアメリカもよく分かっていた。だからこそ、アメリカは、戦後構想の初期の段階から、占領政策を成功させるために天皇制を何らかの形で存続させることを基本方針として固めていた。

ところが、日本の軍事侵略の犠牲となった多くのアジア諸国にとっては、天皇制こそ日本軍国主義の支柱に他ならなかった。連合国およびアジア諸国は、日本の非軍事化方針を当然のこととして歓迎しながらも、天皇制を維持するアメリカの方針には、軍国主義の温床を残すことになるのではないかという深い危惧を抱いた。そこで、天皇制を残しながら日本軍国主義復活の可能性を断ちきるために、徹底した非軍事化を進めることが求められたのである。

当初は誰もが自衛の戦争をも否定したと解釈した憲法九条は、こうして生まれた。まず何よりも、日本の民主化と非軍事化は、アメリカが主導する戦後アジア秩序構想の中核的要素であった。その意味では、吉田が憲法九条を受けいれたことには、アメリカ主導の国際秩序構想を甘受する決断が示されていた。それに加えて、吉田茂を含めた当時の日本の指導者は、憲法九条に示された徹底した非軍事化には内心大きなとまどいを感じながらも、憲法九条を受けいれることを「国体護持」の絶対条件であると受けとめたのである。

†憲法九条の誕生

憲法九条の起源は、一九四六年二月に新憲法の骨子を示した「マッカーサー三原則」に見出せる。それは、「日本は紛争解決のための手段としての戦争、さらに自己の安全を保持するための手段としての戦争をも、放棄する」と述べ、自衛のための戦争と軍備とを明確に否定していた。新憲法のGHQ案の起草に携わった民生局次長ケーディスは、その非現実性に危惧を抱き、「自己の安全を保持するための手段としての戦争」への言及を削除することで自衛のための戦争への道筋を残そうとした。GHQの間接統治下にあった日本政府がGHQ案をベースにして起草した「帝国憲法改正草案要綱」は、その第九条において以下のような規定を掲げた。

国の主権の発動として行ふ戦争及武力に依る威嚇又は武力の行使を他国との紛争の

解決の具とすることは永久に之を拋棄すること
陸海空軍其の他の戦力の保持は之を許さず国の交戦権は之を認めざること

一九四六年六月二十六日、吉田茂首相は、衆議院特別委員会での憲法改正要綱提案説明において、「戦争拋棄に関する本案の規定は、直接には自衛権を否定はして居りませぬが、第九条第二項に於いて一切の軍備と国の交戦権を認めない結果、自衛権の発動としての戦争も、又交戦権も拋棄したものであります」と、明確に述べた。また、その二日後の六月二十八日には、「戦争拋棄に関する憲法草案の条項に於きまして、国家正当防衛権に依る戦争は正当なりとせらるるようであるが、私は斯くの如きことを認むることが有害であると思うのであります」と、再度自衛の戦争をも否定する答弁を行った。

いうまでもなく、ここまで完全な非軍事化の立場は、一般的感覚からは距離があった。事実、憲法草案に反対する共産党の野坂参三は、戦争には不正の戦争と正しい戦争があることを指摘した上で「一体此の憲法草案に戦争一般拋棄と云う形でなしに、我々は之を侵略戦争の拋棄、斯うするのがもっと的確ではないか」と述べ、「帝国憲法改正草案要綱」第九条の規定に疑問を提起した。共産党の野坂委員長が自衛の戦争の正当性を認め、吉田がそれを否定したのである。

その後、冷戦という新たな国際情勢下で、九条の規定に以下に述べる「芦田修正」が加えられることで、自衛の目的のための軍備は合憲とされる、後の政府解釈の余地が生まれることになる。そして、後世において、このときの吉田答弁の整合性を疑問視する見方が登場する。

GHQのなかにすら自衛の戦争を否定することに対する疑問があったことにかんがみれば、吉田にもう少し粘る余地があったということはできるかもしれない。しかし、よき敗者たることによって外交に勝とうとしていた吉田にとって、当時の国際政治の論理に忠実な立場を貫くことの方が重要であった。実はそのことは、吉田が当時の憲法の規定が永遠であるとは思っていなかったことを物語っている。しかし吉田は、やがて不可避であるはずの憲法改正を自分の仕事であるとも思っていなかった。

憲法改正草案は、政府の提出理由説明を受けて、芦田均を委員長とする憲法改正小委員会で審査された。そして、その過程で、芦田小委員会によって第九条に対する修正案が作成された。それは、第九条第一項に「正義と秩序を基調とする国際平和を誠実に希求し」という一文を、さらに第二項の冒頭に「前項の目的を達するため」という文言を挿入した。そのことで、自衛のための武力の保持と行使は許されるという、今日まで続く政府の憲法解釈の余地が生まれた。

芦田修正案は、一九四六年八月二十四日の衆議院本会議で、賛成四百二十一、反対八という圧倒的多数で可決された。一九四六年十一月三日に公布された日本国憲法は、その第九条において次のように宣言した。

日本国民は、正義と秩序を基調とする国際平和を誠実に希求し、国権の発動たる戦争と、武力による威嚇又は武力の行使は、国際紛争を解決する手段としては、永久にこれを放棄する。

前項の目的を達するため、陸海空軍その他の戦力は、これを保持しない。国の交戦権は、これを認めない。

†吉田の再軍備論

先に述べたように、吉田が、芦田修正以前の段階で憲法九条を自衛の戦争をも否定するものとして正面から受けとめたことは、民主化と非軍事化を柱とする対日戦後構想に直面するなかで、国家を救うという最低限の目標を確保しつつ戦後再生の道を歩みだそうとする決意に支えられた決断であった。

吉田は、戦後日本の再生を確かなものにするために、できるだけ早く新憲法をベースにした国家体制を整え、すみやかに主権を回復したいと願っていた。一九四六年二月二十六日に開かれた対日戦勝国による第一回極東委員会では、日本再軍備に対する懸念が噴出していた。幣原喜重郎内閣の総辞職を受けて五月二十二日に首相に就任したばかりの吉田は、憲法改正草案を審議する五月二十九日の枢密院審査委員会の場で、国際情勢やアメリカの世論が日本に不利になることへの懸念を表明し、「日本としてはなるべく早く主権を回復し、進駐軍を引揚げてもらいたい」と語っていた。それだからこそ、吉田は、「九条は日本の再軍備に対する連合国側の懸念から生まれた規定で、修正することは困難である」と主張した。

憲法九条を保持したままアメリカ軍（進駐軍）が引きあげれば、その後の日本の治安や国防のための手段が問われることになる。当時日本政府は、外務省を中心として、日本を国際法上の永世中立国とするよう提案し、連合国による地域的集団安全保障を希望する案を検討していた。そうしたなかで、吉田には自衛の兵力に関する常識的感覚があった。たとえば、吉田は、上記の枢密院審査委員会で、「日本が独立後如何なる形をとるかについては不明であるが、やはり国家として兵力を持つようになるのではないか。それは今日は言えないことである。主権を回復すれば兵力を生ずるのではないかと想像する」と述べていた。

しかし、今はそのときではない、というのが吉田の結論であった。吉田は、連合国およびアジア諸国の日本再軍備への懸念が、比較的寛大なアメリカの占領政策と、それを前提にした早期独立の道筋を攪乱することを心配していた。したがって、自衛の戦争をも否定した初期の吉田の答弁は、いわば戦術的な対応であったというべきであろう。そして、再軍備に関しては、やがてときがくれば兵力をもつようになるだろうと漫然と考えたのである。吉田が敷いた路線がその後定着するなかで憲法問題がタブー視されていったことは、吉田の予想外の展開であったと思われる。

何よりも、ときは未だ冷戦発生以前であった。当時のアメリカ主導の戦後秩序構想の下では、非軍事化された日本こそが、戦後アジアの平和と安定という目標のための要件であった。もちろん、当時の日本にその秩序構想に刃向かう力も心構えもなかった。それどころか、英米主導の国際政治の条件と力学を最大限に利用して日本の復興と国益の確保を図ることが、吉田の基本的発想であった。

その直後吉田は、日本の敗戦に匹敵する国際秩序の大変動に再び巻きこまれることになる。冷戦の発生である。しかもそれは、一九四七年五月三日の日本国憲法施行という節目に重なった。その結果吉田は、冷戦の発生にともなってアジアの戦後秩序が大きく動揺するなかで、憲法九条を手にしたまま新たな対応を迫られることとなる。

3　冷戦の発生と日本

†アジア秩序の動揺

アメリカの戦後アジア秩序構想という視点からみると、非軍事化と民主化を柱とする対日方針と表裏一体の関係にあったのが、当時の大統領フランクリン・ローズヴェルトが推進した「中国大国論」であった。そこには、日本の侵略から解放された中国をアジアにおける民主的な大国として育てることで、中国を中核的な安定勢力としたアジア秩序を構築しようとする戦後構想があった。

国民党の蔣介石は、戦後構想を話し合う連合国首脳による戦時会談にも招かれ、一九四四年のダンバートン・オークス会議で設立が合意された国際連合は、中華民国を安全保障理事会の常任理事国、すなわち戦後秩序を担う「五大国」の一角として迎えた。国際連合(United Nations)の英語名の直訳は「連合国」であり、それはまさに戦勝国を中核とした戦後秩序構想を支える国際組織に他ならなかった。

ところが、安全保障理事会で拒否権を有する「五大国」による戦後秩序構想は、冷戦の発生によって機能不全に陥ってしまう。そして、冷戦の発生と並行して、アジアの戦後秩序も内部から動揺し始めていた。その震源は、アメリカが大国として育てようとしていた中国そのものであった。日本の敗戦直後に、国民党と共産党の間に内戦が再発し、当初は事態の悪化を防ごうと国共間の仲介に努めたアメリカも、一九四七年のはじめには、共産党の優位を認め調停の試みを放棄せざるを得なかった。

そこでアメリカが、やや消去法的発想から採用した方針が、「中国のチトー化」であった。すなわち、ユーゴスラヴィアのチトー大統領が、社会主義政権を打ちたてながらもソ連陣営に加わらずに独自の路線を歩み始めていたことにちなんで、共産党政権の下にある中国であっても、ソ連陣営に加わらなければ次善のものとして受けいれようとする政策である。

そのためにアメリカは、国民党を見放した。一九四九年十月に中華人民共和国の樹立宣言がなされ、同年末に国民党が台湾に逃避しても、一九五〇年一月にトルーマン大統領自らが、予想される人民解放軍による台湾解放を座視する方針、すなわち事実上の「台湾放棄」を宣言した。

その直後に、アチソン国務長官が、アジアにおけるアメリカの不後退防衛線を発表した。

それは、「アリューシャン列島から日本へと延び、さらに沖縄諸島に至り」、「沖縄諸島からフィリピンに連なる」とされ、「アチソン・ライン」として知られるようになる。「アチソン・ライン」の発表は、そこに南北に分断された朝鮮半島の韓国が含まれていなかったことから、半年後の北朝鮮の南侵、朝鮮戦争を誘発したとして、後に問題視されるようになる。しかし、一月の時点で朝鮮半島での事態は切迫した危機であるとはみなされておらず、当時重要であったのは、「アチソン・ライン」から台湾が除外されていたことであった。すなわち、「アチソン・ライン」の発表は、トルーマン大統領による事実上の「台湾放棄」宣言に続く、「中国チトー化」政策の具体的実行としての意味をもっていたのである。

その方針は、必ずしも根拠のないことではなかった。事実、アメリカの外交官たちは、日中戦争時から中国共産党の本拠地に入りこみ、毛沢東をはじめとする幹部の思想や政策の実像をつかんでいた。とりわけ、共産主義者である以前に強靭な愛国主義者である毛沢東以下の共産党指導者がソ連と相いれないとする観察は、極めて正確であった。「アチソン・ライン」を宣言した当時、アメリカ政府は、一九五〇年中には人民解放軍による台湾軍事解放が行われると見こんでおり、その後北京政府と外交関係を樹立する方針でいた。そして何より、アメリカの「中国チトー化」政策に呼応して、中国共産党の指導者自身が、アメリカとの関係改善の可能性を模索していた。

しかし、「中国チトー化」政策は、急速に動揺するアジア秩序下での、軸足の定まらない対応でもあった。すなわち、一方では、台湾を放棄することで共産党下の中国との安定関係を築こうとする方針は、アジアにおける中核的安定勢力としての「中国大国論」を前提とする、冷戦発生以前の戦後秩序構想を反映していた。しかし、他方で、「アチソン・ライン」がアジアにおける不後退防衛線として宣言されたことは、ソ連や共産主義への危機意識を前提とした冷戦下でのアメリカの新たな対応であった。

日本は、錯綜する時代潮流の衝突に飲みこまれた。すなわち、アメリカのアジア政策は、中国に対しては冷戦以前の戦後構想の流れをくむ「チトー化」政策を実施しながら、日本に対する政策は、新たな冷戦下で日本を東アジア戦略における砦として位置づける視点から大転換が図られたのである。戦後日本再生の道筋をつける大仕事は、こうしてアジア秩序が大きく動揺する最中に進行した。

†対日講和の延期と日本社会の混乱

冷戦の発生にともなうアメリカの対日占領政策の変化は、対日早期講和方針の転換となって表れた。まさに冷戦が発生しようとしていた最中、アメリカ政府は、ボートン国務省極東局北東アジア課長を中心として、対日平和条約案、いわゆる「ボートン案」を準備していた。それは、日本にいるマッカーサーの対日早期講和論と歩調を合わせ、米ソ協調を含む国際協調主義の原則にのっとり、日本国憲法が体現する非軍事化され民主化された日本を前提とするものであった。

その「ボートン案」が完成したのは、一九四七年八月であった。そして「ボートン案」は、国務省政策企画室長として、六月に発表された「マーシャル・プラン」の策定を終えたばかりの、ジョージ・ケナンの目にとまった。そのケナンにとって、「ボートン案」はとても現実的には思えなかった。ケナンは、早速八月下旬から、自ら率いる政策企画室で対日占領政策の再検討を始めた。

ケナンは、アメリカ、ソ連、イギリス、ドイツとともに日本を国際政治を左右する五つの「パワーの中枢」として位置づけ、ソ連と対抗するために日本に対する影響力を確保することが決定的に重要であるとの認識から、対日政策の根本的転換を図ることを唱えた。その一連の作業は、ホワイトハウスの国家安全保障会議文書、NSC13-2「アメリカの対日政策に関する勧告についての国家安全保障会議報告」として結実し、一九四八年十月七日付でトルーマン大統領の決裁を得た。それは、日本の政治的安定化および親米化を図り、日本の経済復興を推進し、日米二国間の安全保障条約締結をめざすことをうたった。

こうして、冷戦下において、日本に対するソ連の影響力や共産主義の脅威の浸透を防ぎ、日本をアメリカの勢力圏にとどめておくことを目的として、対日占領政策の根本的転換が図られた。その結果、財閥解体に象徴される経済システムの改革は中断され、戦前の流れを汲む保守指導者も政治の舞台に復活した。もはや憲法九条の論理も、アメリカの冷戦戦略にとってふさわしくないものとなった。

ここにいたって、戦後憲法を歓迎し平和主義に徹しようとしていた多くの日本国民にとって、軍国主義からの解放者としてのアメリカが、戦前への「逆コース」を先導する「裏切り者」として立ち現れることとなった。そして、護憲の主張と一体化した反米主義が、日本の戦後平和主義の重要な要素となった。同時にそれは、憲法九条を危うくする「逆コース」の国際的源泉であったアメリカの冷戦政策の正当性を否認した。

こうして日本社会が冷戦の発生によって大きく揺さぶられるなかで、アメリカの冷戦政策に対抗する社会共産主義勢力と、本来イデオロギー的には無色であるはずの戦後平和主義とが連携する土壌が生まれた。それは、民主主義社会には不可欠である政府に対する批判勢力の実像を、いたく複雑で解り難くした。戦後日本にとって、冷戦を反映したイデオロギー対立の激しさゆえに、健全な市民運動やＮＧＯ活動が市民社会に根づき難かったことは不幸であった。

そして、政府に対する批判勢力が「護憲反米」で結束したことは、日本外交をめぐる国内論争の構図を、国際政治から遊離させた。その主張は、日米両国政府の外交政策を冷戦以前の状況に戻すことを要求するものに他ならず、そうした原理的立場から地に足のついた日本外交論や国際政治論が生まれるはずもなかった。

戦後日本の革新勢力に特徴的であったのは、侵略戦争への反省に立った平和主義への思いが強ければ強いほど、アメリカやアメリカの冷戦政策に対する批判も強くなるという傾向であった。吉田茂は、冷戦の発生に直面しても、憲法とアメリカの両方を取ろうとした。大局的に考えて、当時の日本に、そのどちらか一方のみを主体的に選択し、その選択にもとづく戦略を構想する余裕も力もなかったことを考えれば、吉田の選択は一種の現実主義、いわゆる日本の「戦後リアリズム」を反映していた。しかし、日本の平和主義勢力は、その現実主義を拒絶した。

その後、朝鮮戦争が勃発し、日米安保条約が締結されると、外交路線をめぐる日本社会の分裂はさらに深まっていった。

4　吉田路線の誕生

†アジアの冷戦

一九四七年夏から四八年春にかけて対日政策の根本的転換が図られるなかでも、アメリカの中国政策は、依然として「中国チトー化」を基調としていた。そこに、対日政策と対中政策に新たな有機的な関連を見出そうとする発想は存在しなかった。アメリカは、欧州における冷戦政策で手一杯であり、アジアに同様の二元論的対立をもちこむ余裕はなかった。

この種の現実主義は、「封じ込め」を唱えた際のジョージ・ケナンの根本的発想でもあった。すなわち、ケナンのいう「封じ込め」は、「線」でソ連を包囲することを意味しているのではなく、ソ連の影響力の拡張がみられる「点」において、断固とした対抗措置をとることを唱えるものであった。その種の戦略観からすれば、中国において事を構える必要性はなかった。

しかし、わずかに残されていた「中国チトー化」の可能性は、一九五〇年六月二十五日に突如勃発した朝鮮戦争によって一気に吹き飛んでしまった。アメリカは、韓国への軍事侵攻を始めた北朝鮮の背後にソ連と中国がいることを疑わず、文字通り反射的に軍事介入に踏みきった。

そうなれば、そのわずか半年前にトルーマン大統領自らが宣言した「台湾放棄」方針は、全く意味をもたなくなる。事実アメリカは、六月二十五日（アメリカ時間）に海空軍の派遣を決めるや、二十七日には台湾海峡に第七艦隊を派遣し、台湾海峡の「中立化」、すなわち人民解放軍による台湾解放を実力で阻止する意思を示した。

こうして、朝鮮戦争は、一気にアジアに冷戦を拡大させることになった。しかし、これはあくまで結果的にであって、朝鮮戦争がこのようなアジア戦後史の大転換の触媒になることは、アメリカも、ソ連も、中国も想定していなかった。むしろ、朝鮮半島では何事も起こらないというのが、それまで各国の想定であった。では、なぜそうはならなかったのか。

†朝鮮半島の分断と朝鮮戦争

それは、朝鮮半島がもつ地政学的特徴ゆえだといえるだろう。朝鮮半島が日本の三十五年におよぶ植民地支配から解放されたとき、朝鮮半島の人々を待っていたのは、即時独立ではなく、連合国による信託統治の構想であった。すなわち、大国による信託統治によって民主主義を育ててから独立へ導くという構想である。その萌芽は、アメリカのローズヴェルト、イギリスのチャーチル、中国の蔣介石がアジアにおける戦後構想の大筋で合意に達した、一九四三年十一月二十七日の「カイロ宣言」にみられる。その翌日、ソ連にカイロ会談の内容を伝えるためにテヘランに赴いたローズヴェルトは、スターリンとの間で朝鮮半島に信託統治を敷くことで合意した。

信託統治構想の背後には、日本敗戦後の東アジア国際政治の安定のためには、朝鮮半島がどの大国にも従属せず、民主的で安定した独立国になる必要があるという発想があった。そこに、日清戦争以来の東アジア国際政治の教訓が意識されていたことはいうまでもない。そして、その種の朝鮮半島の戦後構想には、関係する大国がすべて等しく参画することが重要であった。

一九四五年十二月にモスクワに集った米英ソの外相は、中国も含めた四大国の手によって、五年間を期限とする朝鮮信託統治を実施することで具体的に合意した。そして、一九四六年三月に、朝鮮の臨時政府樹立を協議するために米ソ共同委員会が開かれた。しかし、同委員会は、委員会に招くべき朝鮮の団体の資格問題で行きづまった。翌年五月に再開されたときには、冷戦の暗雲が漂っており、米ソ協議の前提はむしろ崩れかけていた。こうして朝鮮半島の信託統治構想は、協定の作成どころか、その前提の臨時政府の樹立にもいたらず挫折した。

米ソ両国には、信託統治構想の進展を自国に有利に進めようとする発想はあったものの、朝鮮半島の戦後処理で決定的に対立するつもりはなかった。一九四五年八月上旬に対日参戦したソ連は、日本降伏直後に朝鮮半島の三十八度線に達した。三十八度線は、朝鮮半島占領のための軍事境界線としてアメリカが提案し、ソ連もそれを受けいれていた。そしてソ連は、信託統治構想の実施を前提に、三十八度線以北にとどまり、九月上旬に米軍が首都ソウルを含め三十八度線以南に到着するのを待った。

その後十二月に信託統治で正式に合意した米ソ両国は、米ソ共同委員会で対立を繰り返しながらも、朝鮮半島からの軍の撤退を急速に進めた。結局のところ、米ソ両国は、日本軍を武装解除するために軍事境界線として引かれたはずの三十八度線をはさんで、勢力圏を分割することで朝鮮半島から手を引こうとした。

ソ連は、北において金日成を指導者とする体制固めを着実にすすめ、アメリカは、一九四七年九月に朝鮮問題を国連の場に上程することで事態の収拾を図ろうとした。北側が国連の関与を拒否したまま、一九四八年五月には三十八度線以南で国連監視下の総選挙が行われ、八月十五日に李承晩を大統領とする大韓民国政府が樹立された。それを受けて、北側では、九月九日に金日成を首班とする朝鮮民主主義人民共和国の樹立が宣言された。こうして、米ソは、信託統治構想が挫折した後の朝鮮半島の戦後処理を急いだ。

しかし、大国の対立が後退すると軽視されがちなのとは全く裏腹に、ひとたび紛争が生じると周辺の大国が穏やかではいられなくなるのが、朝鮮半島をめぐる地政学の力学である。金日成は、韓国攻撃のゴー・サインをもらいに二度モスクワを訪れたが、そのときのスターリンの関心は、もっぱらアメリカが介入するかどうかにあった。結局スターリンは、それ以前のアメリカの朝鮮政策からして、そして「アチソン・ライン」に韓国が含まれていなかったこともあり、今一撃を加えれば朝鮮の統一は比較的容易に達成できるとする金日成の言葉に賭けた。そして、ソ連の戦争であるとみなされないように、開戦前に北朝鮮から軍事顧問団の多くを引きあげた。

しかし、アメリカからみると、朝鮮戦争直前の国際情勢は、着実に冷戦拡大の様相を呈していた。一九四九年九月にソ連が原爆実験に成功し、一九五〇年二月には、中ソ友好同盟相互援助条約が結ばれた。こうした事態の展開を受けて、トルーマン大統領は、一月末、水爆製造の指令をだすとともに、国家安全保障戦略の全面的みなおしに着手した。その結果まとめられた文書が、ＮＳＣ68である。四月に完成したＮＳＣ68は、ソ連との世界規模での全面的軍事対立に備えるよう提言していた。

アメリカの目には、冷戦の危機意識が世界的に拡大する最中に発生した朝鮮戦争は、ソ連や北朝鮮が想定していたような祖国解放戦争にはみえなかった。むしろ、中ソ一枚岩の神話にとらわれる方が自然ですらあった。朝鮮戦争への参戦に踏みきると同時に、台湾海峡を反射的に「中立化」したのはそのためであった。それは、冷戦のアジアへの拡大を決定づけた。

開戦から間もなく釜山の橋頭堡にまで追いつめられた韓国は、九月のマッカーサーによる仁川上陸作戦の成功によって救われた。その後優勢に立った米軍主導の国連軍と韓国軍は、十月に三十八度線を越えて北進した。この事態は、地政学的には北の南進と同じようなインパクトをもち、中国の参戦を招いた。ここに、朝鮮半島を舞台にして大国が直接戦火を交えるという歴史が繰り返された。そして結局、三十八度線を前後して戦局が膠着することで、一九五三年七月に休戦協定が結ばれ、朝鮮半島の分断は固定化された。

サンフランシスコ講和条約と日米安保条約がセットで締結され、アメリカによる日本占領が終了したのは、朝鮮戦争の最中であった。

†日米安保条約の締結

日本の外務省は、敗戦後間もなく、来るべき講和条約の交渉に備えて、日本独自の構想の検討を始めた。一九四七年前半までは、日本を国際法上の永世中立国として認定させ国連の集団安全保障体制で国の安全を確保するという案が主流であった。しかし、一九四七年後半になると、米軍の駐留による日本の安全保障という考え方が登場する。当時の外務大臣芦田均は、日本の安全保障に関する基本的考え方をまとめた、いわゆる「芦田書簡」(一九四七年九月十三日付)を、アイケルバーガー第八軍司令官に渡した。それは、国連が機能する場合には日本の安全保障を国連に託し、国連の集団安全保障体制が機能しない場合には、「米国と日本の間に特別の協定を結び日本の防備を米国の手に委ねる」とする考え方を示していた。

同じころケナンの主導により対日政策の全面的転換を検討し始めたアメリカ政府も、日本の極東における高度の戦略的重要性に着目していた。そして、一九五〇年一月に発表されたアメリカの太平洋における不後退防衛線、すなわち「アチソン・ライン」の最前線におかれたのは、他ならぬ日本であった。

そうした最中、日本国内では、ソ連や中国を含めたすべての交戦国との全面講和を主張する世論が高まっていた。それに対して、自由主義的価値を信奉し、欧米諸国との協調のなかに戦後日本再生の道筋を見出していた吉田は、アメリカを中心とする連合国との多数講和に傾いた。さらに、憲法九条をもち、冷戦により国連の集団安全保障体制が機能しない状況下では、アメリカとの安全保障関係の確保が合理的選択となった。その吉田の決意は、一九五〇年四月に訪米した池田勇人大蔵大臣によって対米伝達された。

ちなみに、台湾をアメリカの防衛線の外においた「アチソン・ライン」が、「中国チトー化」を前提にしていたことは、先に述べたとおりである。すなわち、日米安全保障関係が模索された冷戦初期には、まだ米中対立や台湾問題は生まれていなかった。しかし、一九五〇年六月に勃発した朝鮮戦争が状況を決定的に変えた。アメリカは反射的に台湾擁護の姿勢に転じ、米中は朝鮮半島で直接戦火を交えた。当然ながら、朝鮮戦争は日米安全保障条約をめぐる日米間の交渉に重要な影響を与えた。

まず、アメリカの日本に対する再軍備要求が強まった。それは、憲法九条の改正要求をも含んでいた。一九五一年一月下旬からの日米交渉で、吉田はアメリカのダレス特使の圧力に抵抗した。結局吉田は、五万人の保安隊設置を柱とする「再軍備計画のための当初措置」を示すことで一定の妥協を示した。しかし、それはアメリカにとって十分なものではなく、日本再軍備をめぐる日米の溝は、安全保障条約の交渉にも影をおとした。

日本は、共同防衛を義務として履行できない日本への米軍駐留は、アメリカの義務ではなく権利であるとする論理を受けいれざるを得なかった。日本側交渉者（外務省）は、日米両国が国連憲章第五十一条による集団的自衛の関係にあることを名分として、日本を守ることはアメリカを守ることであるという論法で米軍の日本駐留を正当化しようとした。それに対してアメリカ側は、日本に集団的自衛の準備がないことを前提として、日本にその態勢が整うまでの暫定的措置として米軍駐留の権利を求めるという論理を貫いた。

それは、アメリカの冷戦下の戦略論としては一定の合理性をもっていたが、日本の憲法九条との整合性に関しては問題を残した。というより、日米安全保障条約を生んだのは冷戦であるから、そもそも冷戦以前の産物である憲法九条との整合性を見出すことは、はじめから論理的に困難であった。

そのことは、一九五一年七月末にアメリカが要求してきた「極東における国際の平和及び安全の維持」という、駐留米軍の目的に関する条項に関して、より明白であった。朝鮮戦争の直接の産物ともいえるこの「極東条項」は、日米が集団的自衛の関係にない以上、当然日本の自衛の範囲に収まらないから、憲法の枠を超えていた。その不整合は、アジアにおける冷戦の要請と憲法九条の論理の衝突から生じる不可避の結果に他ならず、吉田路線に内在するねじれを端的に示していた。戦後日本の独立を希求し憲法九条を護ろうとした吉田は、結局そのねじれを甘受した。

一九五一年九月八日、サンフランシスコ講和条約に調印した吉田は、場所を移して「日本国とアメリカ合衆国との間の安全保障条約」に署名した。その第一条は、以下のとおり規定した。

平和条約及びこの条約の効力発生と同時に、アメリカ合衆国の陸軍、空軍及び海軍を日本国内及びその附近に配備する権利を、日本国は、許与し、アメリカ合衆国は、これを受諾する。この軍隊は、極東における国際の平和と安全の維持に寄与し、並びに、一又は二以上の外部の国による教唆又は干渉によって引き起された日本国における大規模の内乱及び騒じょうを鎮圧するため日本国政府の明示の要請に応じて与えられる援助を含めて、外部からの武力攻撃に対する日本国の安全に寄与するために使用することができる。

こうして調印された日米安全保障条約において、対日防衛義務の規定が不在で、内乱への介入が正当化されている点は、後に日本政府の条約改定の欲求を高めた。純粋な戦略論からすれば、アメリカが「極東条項」を求めたということは、それだけ日本を必要としていることを示していたのであり、そこには日米対等の論理が潜んでいたとみることもできるかもしれない。しかし、憲法九条を変えずに日米安保関係を対等化することには、本質的に無理があった。その後日本政府は、憲法九条には触れずに日米関係の対等化を求めるという、困難な外交課題を背負うこととなる。

†戦後レジームとミドルパワー外交

以上のとおり吉田茂は、占領期に国際政治の濁流に飲みこまれながら戦後の外交路線を定めた。そこに、その後も一貫して日本外交を規定することになる戦後レジームの基盤が築かれた。日本にとっての不幸は、戦後日本外交の基軸となった憲法九条と日米安保条約を、全く異なった国際政治情勢の下でそれぞれに不可避のものとして選択せざるを得なかったことにあった。

しかし、当時のアメリカの中国政策が示したように、ヨーロッパで冷戦を演出したアメリカ自身が、アジアにおいて、錯綜する時代潮流に適応しきれていなかった。朝鮮半島の戦後処理も同様である。その最中で吉田が行ったのは、何か創造的なものを作りあげるというよりは、国際政治情勢と日本の国論がひどく混乱するなかで、護るべきものを護るということであった。それが、憲法九条と日米安保条約であった。

次章でみるように、伝統的国家主義者は、一九五〇年代にはやばやと戦後レジームに引き寄せられた。彼らは、日米安保条約の改定にみられるように、内心には強い自立の欲求を秘めながらも、憲法九条と日米安保関係を前提にして自主の拡大をめざすようになる。

それに対して吉田は、欧米主導の国際秩序を与件として積極的に受けいれていた。吉田は、日本の主体的なアジア外交をも模索したが、それは、欧米との協調を基礎とし、ときに欧米諸国間の相違を利用しようとするものであった。

さらに、吉田が、占領下においてアメリカ主導の国際秩序に加わることで戦後日本の再生をめざす選択をした際に、自由主義や民主主義を大義としたことは重要であった。日米基軸主義はその種の外交の重要な裏づけでもあった。さらにいうまでもなく、吉田がアメリカとの対等化を求めたり、アメリカや中国のように権力政治に対する単独戦略を志向することもなかった。

こうして、吉田の選択には、無自覚ながらもミドルパワー外交の要素が潜んでいたことが確認できるのである。その吉田路線が、なぜどのように今日まで定着することになったのかが、次章以下の検討課題である。

第二章

高度成長期の葛藤

1　吉田路線をめぐる政治的構図

†一九五五年体制の成立

吉田茂のあとに首相を務めた鳩山一郎と岸信介は、ともに吉田路線には違和感をもっていた。憲法改正や日米安保条約改定を唱える保守勢力は、吉田茂の「向米一辺倒」に対する批判を強めつつ、一九五四年十一月に結成された日本民主党の下に結束した。日本民主党の総裁に就任した鳩山一郎は、吉田茂批判の機運のなかで議席増をもくろむ左右社会党の支持を得て、選挙管理内閣であるとの了解の下、十二月十日に念願の首相の座を射止めた。

一九五五年二月の選挙で、鳩山の日本民主党（一二四→一八五議席）は自由党（一八〇→一一二）の議席を奪う形で躍進したものの、左右社会党もそれぞれ（左派七四→八九、右派六一→六七）議席を伸ばす結果となった。そして、それに勢いを得た左右社会党が十月十三日に日本社会党として統一勢力になると、逆に危機感を深めた民主党と自由党は保守合同に踏みきり、十一月十五日に自由民主党を結成した。

こうして、「ポスト吉田」の一九五四年から一九五五年にかけての日本政治は、保守の分裂が深刻化する空気に包まれながらも、保守合同で幕を閉じるというややわかり難い展開を経て、一九五五年体制を生みだした。結局のところ、そのわかり難さの源にあったのは、憲法九条と日米安保関係を軸とする吉田路線そのものであった。吉田の選択は戦後レジームにねじれをもたらしたが、左右社会党の合同と保守合同後の一九五五年体制の定着とは、そのねじれの固定化に他ならなかった。

†曖昧になる改憲論

まず、吉田政権の末期に、憲法九条を維持したまま事実上の再軍備が進んだことによって、改憲論の勢いが削がれた。とりわけ、一九五四年六月に防衛庁設置法と自衛隊法(いわゆる防衛二法)が参議院を通過し成立すると、改憲によって再軍備を図ろうとする主張はやや曖昧にならざるを得なかった。鳩山一郎の場合がそうであったように、政権を担う立場からは、改憲論者であっても自衛隊を合憲であると解釈せざるを得なくなったからである。

鳩山内閣は、発足早々の一九五四年十二月二十二日に、それまでの改憲の主張と自衛隊合憲論の矛盾を整理すべく、政府統一見解の発表を迫られた。それは、第一に憲法は自衛権を否定していない、第二に憲法は「国際紛争を解決する手段として」は戦争と武力の威嚇、武力の行使を放棄したが自衛のための抗争は放棄していない、第三に自衛の目的のために実力部隊を設けることは憲法に違反するものではない、という論法からなっていた。それがその後、憲法九条解釈の公理として定着していく。

吉田内閣に防衛二法の成立を急がせたのは、一九五三年五月に、ダレス国務長官が相互安全保障法（ＭＳＡ）に基づく対日援助を行う用意があることを正式に発表したことであった。ＭＳＡは、被援助国に「自国の防衛能力を発展させるために必要なすべての妥当な措置をとること」を義務づけていた。ダレスは、一九五二年八月に警察予備隊から保安隊へと発展した日本の兵力を、三十五万人程度にまで増強することがアメリカの構想であることを明らかにしていた。

吉田は、一九五三年十月に池田勇人蔵相をアメリカに派遣したが、その準備として、九月末に改進党総裁重光葵と会談し、長期の防衛計画を立て自衛力を増強する方針と、直接侵略にも対抗できる自衛隊の創設で合意に達した。それは、改憲を拒む吉田に対する攻撃を繰り返してきた保守勢力が、憲法九条を維持したまま漸進的に事実上の再軍備を進める吉田路線の論理に引き寄せられたことを意味していた。

訪米した池田がロバートソン国務次官補と一連の会談をもった際、アメリカ政府は、日本の国内政治の分裂を助長する強い再軍備要求は行わない方針で臨み、財政経済政策での対日要求を重視した。日本の自衛力に関しては、アメリカ側が陸上三十数万人規模を要求したのに対して、池田は陸上兵力十八万、海上兵力三万一三〇〇人、航空兵力七六〇〇人という「防衛五カ年計画」を私案として提示した。池田私案は保安庁との調整を経ていないものであったが、当時日本の保安庁当局は、陸上兵力十八万人という数字ですら達成困難であるという判断をしていた。アメリカは、一九五三年末頃まで要求を取りさげておらず、日米の溝は大きかった（田中『安全保障』）。

しかし一九五四年に入ると、アメリカの対日再軍備要求はトーンダウンした。一九五三年七月に朝鮮戦争の休戦協定が成立し、特需効果が急速に後退するなかで日本経済はますます困難な事態を迎えていた。そうしたなか、一九五四年三月に焼津の漁船第五福竜丸がビキニ環礁でのアメリカの水爆実験で被曝する事件が起こり、日本の反米反核感情が爆発した。それは、日本の中立主義に対するアメリカの懸念を増幅した。さらに、七月にインドシナ休戦が成立し、アジアでの非同盟運動が勢いを増しつつあった。こうしたなかで、アイゼンハワー政権は日本の中立主義への懸念を深め、日本を西側につなぎとめておくために、再軍備要求で日本の中立主義を刺激するよりは、日本経済の安定化への関心を深めるのである。

こうして憲法九条を維持したまま自衛隊が発足し、アメリカの対日再軍備要求が弱まることで、改憲論は急速に下火になった。さらに、日本の保守勢力が革新勢力の攻勢に危機感をもち、アメリカも日本の中立主義への懸念を深めるなかで、改憲をめぐる対立を棚上げする形で保守合同が急がれ、一九五五年体制が成立するのである。

†日米安保をめぐるねじれ

一九五四年十一月に改進党を中心とする勢力に鳩山一郎が合流して日本民主党が結成され、日米安保条約の改定に乗りだすのは、まさにそうした最中であった。そして、一九五五年体制は、日米安保関係をめぐってもねじれていた。

第一に、日米安保条約の改定により主体性の回復を図ろうとする欲求の基底には、伝統的なナショナリズムがあった。それは、日米安保の枠を越えた本来の意味での自立を求める衝動と無縁ではなかった。したがって、多くの伝統的国家主義者にとって、日本の主体性の回復と日米安保関係の強化は、必ずしも整合的な戦略として意識されていたわけではなかった。

結局、岸内閣が一九六〇年に実現した日米安保条約の改定は、日米安保関係を補強し、より一層制度化する結果をもたらした。それが日本の主体性回復の欲求から生じた結末であったということは、そもそも戦後の日本外交に日米安保関係の枠を越えた自立は望み得ないものであったことを如実に示した。

第二に、主体性回復の動機にもとづいていたはずの日米安保条約の改定に対して、日本の野党やマスコミを含めた世論は、対米従属の強化として激しい批判を浴びせた。確かに、結果が日米安保関係の緊密化であったわけであるから、その批判は一面では必ずしも的外れではなかった。

しかし、日米安保に対する批判勢力も日本の主体性回復を唱えていたことは、彼らも日本のもうひとつのナショナリズムを体現していたことを意味していた。戦後平和主義に支えられたナショナリズムが求めたものは、日米安保条約の破棄であり、日本の非武装中立であった。その左の立場からみて、日米安保関係を基軸にする中庸の現実主義と右のナショナリズムは同一視され、ともに攻撃対象と認識された。

戦後レジームの核心である日米安保関係は、日本の戦後復興と経済成長の下支えとなり、アメリカの冷戦戦略の重要な柱でもあった。結局のところ、吉田による日米安保条約の選択は、そうしたマクロのバランスシートを反映していたといえる。しかし同時に、先にみたように、日米安保条約が本来日本にとって不平等な条約であることは、客観的事実に他ならなかった。日米安保条約の改定はその不平等性を正そうとする動機から発していたが、その過程は吉田路線に潜むねじれが複雑に絡み合うなかで進行した。

2　日米安保条約の改定

†対米自立の衝動

鳩山内閣の外相に就任した重光葵は、一九五五年八月に訪米した際、ダレス国務長官との会談で日米安保条約の改定を申しいれた。会談後にだされた日米共同声明は、「日本が、できるだけすみやかにその国土の防衛のための第一次的責任を執ることができ、かくて西太平洋における国際の平和と安全の維持に寄与することができるような諸条件を確立する」よう努力し、「このような諸条件が実現された場合には、現行の安全保障条約をより相互性の強い条約に置き代えることを適当とすべき」ことで重光とダレスの意見が一致したことをうたった。

「西太平洋における国際の平和と安全」という文言を提起したのは、重光であった。重光がイメージしていたものは、アメリカがフィリピン、オーストラリア・ニュージーランド、韓国、台湾との間に結んだ相互防衛条約のような、集団的自衛権の行使を含む二国間の新しい防衛条約であった。そうした重光の構想に対して、ダレスは、たとえば西太平洋のグアムが攻撃されたら日本は派兵できるのか、と質した。重光は、日本の憲法解釈には、自衛のための軍事力行使と、海外派兵の是非をめぐる協議を可能とする余地があり、グアムが攻撃された場合はまずアメリカと協議し、その後に軍隊を使用するかどうかを決める、と返答した（坂元『日米同盟の絆』）。いうまでもなく、ダレスの反応は極めて冷ややかであった。

当時の日本の国内政治情勢において、政府が自衛隊は合憲であるということを主張するので精一杯であったことを考えれば、ダレスの反応はもっともであった。事実、重光や他の日米安保改定論者による対等な相互防衛条約の構想が、どこまで日米協力を日本外交の基盤として受けいれた結果の戦略論であったかどうかについては疑問が残る。つまり、当時万が一彼らの望んでいた憲法九条の改正が可能であったとして、その上で本当にオーストラリアや韓国のように、太平洋地域において集団的自衛権を完全に行使することでアメリカの冷戦戦略の一翼を担う役割を、日本の外交戦略として主体的に選択しただろうか、ということである。

戦後日本の伝統的国家主義者の多くは、いわゆる日本の主体的外交に関して、そこまで詰めた戦略論をもっていなかった。重光が日米安保条約の改定を求めたのも、基本的な衛動は主体性回復にあったのであり、主体性を回復した後の日本の外交戦略に関してはほとんど白紙であった。吉田の選択に対する根本的な違和感の正体は、やはり対米従属感であったように思われる。重光を含む伝統的国家主義者の安保改定の動機には、アメリカとの安全保障関係を強化する方向とは逆に、むしろ対米自立の衝動が潜んでいたのである。

重光は、訪米に先立って、東京のアメリカ大使館に日米安保条約改定の私案を提出していた。条約案は、アメリカとフィリピンや韓国との相互防衛条約や、アメリカとオーストラリア・ニュージーランドとのANZUS条約のような、相互の集団的自衛権行使を規定する条文を含んでいた。さらに重光私案は、以下の四つからなる重大な補助的な取り決めを求めていた(坂元『日米同盟の絆』)。

一、米地上軍を六年以内に撤退させる。
二、地上軍の撤退完了から六年以内に米海空軍を撤退させる。
三、日本国内の米軍基地と米軍は相互防衛のためだけに使用される。
四、在日米軍支援のための防衛分担金は廃止する。

このうち、とりわけ二と三の提案は、「極東における国際の平和と安全の維持に寄与」

することを主目的とする日米安保条約の根幹を揺るがすものであった。要するに、重光の日米安保条約改定は、アメリカの束縛から自立することに根本的な衝動があった。重光による対等な相互防衛条約の提案は、日米安保関係を基軸とする日本の戦略論であったというよりは、対米自立を獲得するための方便としての色彩が強かったのである。

†岸の二段階安保条約改定構想

日米安保条約の改定は、岸信介の手によって、一九六〇年一月になしとげられた。岸は、一九五五年十一月の保守合同によって誕生した自由民主党の初代幹事長を務め、一九五七年二月に病気のため二カ月で辞任した石橋湛山を継いで首相になった。重光と同様、岸の本心が対米自立にあったことも間違いないだろう。岸は、サンフランシスコ講和条約の発効をひかえた一九五二年四月に、重光等とともに日本再建連盟を結成し、「国民の総意に基づき、憲法を改正し、独立国家としての体裁を整備する」ことを政治目標に掲げていた。

岸は、前述の重光訪米に同行し、「木で鼻をくったような」ダレスの態度を目のあたりにした。そうした経験を踏まえ、首相となった岸は、当初は不平等な要素を取り除くことで世論の支持を拡大し、後に憲法改正も視野に入れて双務的な関係を築くという、二段階の安保改定を構想するようになったという（坂元『日米同盟の絆』）。

一九五七年六月に訪米した岸は、アイゼンハワー大統領やダレス国務長官との会談で、日米安保条約と国連の関係の明確化、米軍の日本配備に関する事前協議の導入、条約への期限（五年）の設定という、三つの具体的提案を申しいれた。ダレスは、五年後の日米安保関係の姿がみえない限り期限の設定は受けいれられないという反応を示した。重光の私案と比べて、岸の安保改定の働きかけは、日米協調を前面に押しだした極めて慎重なものであった。

日米安保条約と国連の関係の明確化や事前協議制度の導入も、ポイントは日本の主体性の確保であった。事前協議は、日米安保関係や駐留米軍に関して日本の主体的判断を示すための仕組みとして意図されたものであった。国連との関係の明確化については、日米安保条約締結時に、日米両国が国連憲章第五十一条による集団的自衛の関係にあることをうたうよう外務省を中心として働きかけた経緯があった。それは主に、日本を守ることはアメリカを守ることであるという論法で日本の憲法問題を回避しようとする発想にもとづいていた。これに対し、岸内閣による国連重視は、国連を日米安保関係の上位におくことによって、日本の対米協力が単に米国の恣意的行動に巻きこまれることではないとする論理に立とうとするものであった。

ここに、アジア外交に加え、自由主義諸国との協調と国連中心主義が、日本外交の三本柱として唱えられることになる深層が読みとれる。日本は、鳩山内閣の下、一九五六年十月の日ソ国交回復を経て、十二月に念願の国連加盟を果たしていた。そして、『外交青書』が日本外交三本柱を初めて打ちだしたのは、岸内閣下の一九五七年であった。こうして、戦後日本外交の国連中心主義には、アメリカへの依存を中和しようとする意図がみえかくれするのである。

†安保改定と吉田路線

日本が安保改定に動いた時期には、一九五三年三月のスターリン死去以降のソ連による平和共存路線、同年七月の朝鮮戦争休戦、一九五四年七月のインドシナ休戦、一九五五年四月のバンドン会議等、米ソの冷戦体制にも揺り戻しが起きていた。そうしたなか、一九五七年十月のソ連による世界初の人工衛星スプートニクの打ち上げは、アメリカに大きな衝撃を与えた。日本国内でも、一九五四年三月のアメリカの水爆実験での第五福竜丸の被曝、一九五六年半ば以降の沖縄における反米感情の高揚、薬莢を拾っていた日本の婦人を米軍兵士が射殺する一九五七年一月のジラード事件等、反米中立感情を刺激する事件が相次いだ。

こうして、アメリカは、一九五〇年代半ば以降、中立主義に傾斜する日本の世論によって日米安保関係が損なわれることを真剣に憂慮するようになった。アメリカ政府は、一九五八年に入ると、日本の憲法の前提を変えずに、すなわち対等な集団的防衛の義務を求めずに、アメリカの方から日米安保条約改定のイニシアティヴをとることが重要であるとの判断を固めた。

一九五八年七月末、岸内閣の藤山愛一郎外相が駐日米国大使マッカーサーと会談した際、マッカーサー大使は、日本の憲法と両立する相互援助型の条約の可能性に言及した。それを受けて岸は、八月半ばにマッカーサー大使と会談し、海外派兵できないという日本の憲法上の条件がみたされるならば、新しい相互条約を結びたいという意向を伝えた。こうして、九月に藤山外相が訪米した際に、ダレスは、日米安保条約の改定交渉に応じることを告げた。

日米安保条約の改定にあたって、アメリカの基本的発想と日本の憲法上の立場は多くの場面で衝突し、改定交渉の過程は決して平坦ではなかった。結局のところ、岸が、補助的取り決めによる修正ではなく、条約の改定を決断したことで、岸が当初望んでいた二段階の安保改定がほとんど不可能になった。安保改定によって日本の政治と社会が大きく混乱したことも、同様の結果をもたらすことになった。こうして、岸の二段階安保改定構想は未完に終わった。

一九六〇年一月十九日に調印された「日本国とアメリカ合衆国との間の相互協力及び安全保障条約」(新安保条約)は、前文で「両国が国際連合憲章に定める個別的又は集団的自衛の固有の権利を有していること」および「両国が極東における国際の平和及び安全の維持に共通の関心を有すること」をうたい、日本の防衛と極東の平和と安全に関して以下のとおり定めた。

第五条　各締約国は、日本国の施政の下にある領域における、いずれか一方に対する武力攻撃が、自国の平和及び安全を危うくするものであることを認め、自国の憲法上の規定及び手続に従って共通の危険に対処するように行動することを宣言する。(後略)

第六条　日本国の安全に寄与し、並びに極東における国際の平和及び安全の維持に寄与するため、アメリカ合衆国は、その陸軍、空軍及び海軍が日本国において施設及び区域を使用することを許される。(後略)

こうして、内乱条項による日本の主権の侵害、日本防衛の義務の欠如という旧安保条約の不平等性が是正された。また、条約に十年の期限が設けられ、その後は通告後一年の期間を経て条約を終了できる旨も書きこまれた。さらには、米軍の日本への配置および装備における重要な変更、ならびに日本から行われる戦闘行為のための基地としての施設および区域の使用は、日本政府との事前協議の対象になるとする「交換公文」が交わされ、日米安保関係の運営における日本の一定の主体性も確保された。

しかし、この新安保条約によって、日本が「極東における国際の平和及び安全の維持」にアメリカと共通の関心をもち、アメリカとの安保関係を基軸に東アジアの国際政治に関与するという、日本外交の足場がさらに強固になることとなった。

総じて、岸が期待していた第二段階での真の対米対等化は、戦後日本外交にとってそもそも不可能であったといえるだろう。結局岸がなし得たことは、当面日米協力関係を深めることによって不平等性に修正を加え、その限りにおいて日本の主体性を確保することであった。ここに、戦後日本の保守勢力による対米自主外交の原型が具体的な形を表したといえる。それは、重光による安保改定の働きかけの挫折を経て、伝統的国家主義が吉田路線に引き寄せられたことを意味していた。

3 池田外交と「大国日本」

†池田外交と吉田路線

吉田路線は、あの戦争の歴史、アメリカの戦後構想、冷戦をめぐる国際政治、そして何よりもそうした現実を前提にした吉田の国益判断に深く根をおろしたものであった。日米安保条約改定の経験は、もっぱら日本の自立や主体性への欲求から吉田路線に修正を加えることには本質的な限界があることを如実に示した。

その結果、池田勇人と佐藤栄作が政権を担った一九六〇年代になると、池田の所得倍増計画で勢いを得た目覚ましい高度成長が、憲法九条と日米安保条約に支えられた軽武装路線によって可能となったという認識が登場する。それは、現実との妥協の産物であった吉田の選択が、国際政治や外交において軍備に重きをおかない吉田の哲学にからめて再定義されたことを意味していた。

事実池田は、憲法にしても日米安保にしても、吉田路線そのものを忠実に継承した。しかしそれは、なにより吉田路線に内在するねじれを積極的に問題としないことを意味していた。一九五〇年代の経験を経て、憲法改正が当面困難であることは明らかとなり、日米安保条約も改定された。国内政治においても、外交の問題としても、再び吉田路線の修正を試みることに実質的な意味はほとんどなくなっていた。そのことを示したのが、池田の「低姿勢」であった。

このことは、吉田路線に内在するねじれが、そのまま放置されたことを意味していた。一九五〇年代の経験を経て、改憲や本格的再軍備によるねじれの解消は、鳩山や岸という伝統的国家主義者によっても不可能であることが示された。かといって、平和主義者がいうように憲法九条の論理にもとづいて戦後日本のアイデンティティの分裂を統合することも、現実には無理であった。

そこで池田は、主に経済分野で、一種の大国外交を志向したといえるだろう。その代表的なケースが、池田が「先進国のサロン」であるとみなしていた経済協力開発機構（OECD）への加盟であった。池田は、OECDが発足する一九六一年九月以前から活発な首脳外交を展開し、一九六三年七月にOECDからの正式な加盟招請を受け、一九六四年四月に悲願を達成した。それは、自由主義陣営との結びつきをアメリカからヨーロッパへと拡大する外交的成果であり、日米欧が自由世界の三つの柱であるという池田の信念を体現する外交であった（鈴木『池田政権と高度成長期の日本外交』）。

こうして池田は、対米協調を背骨とする高度成長路線を推し進めながら、ヨーロッパへと外交的地平の拡大を図ることで、日本の国際社会への参画を大きく前進させた。その結果、日本社会には一定の求心力が生まれ、憲法改正と対米自立の衝動で揺れた一九五〇年代とは異なる新しい時代が到来した。それは、高坂正堯が述べたように（後述）、戦後日本の新しい国家理性のあり方を示したものであった。

しかし、日本が新たな国家目標を見出した池田時代は、戦後日本にふさわしい安全保障政策の確立という、吉田が将来の課題として先送りした問題に蓋がされた時代でもあった。池田外交は、明らかに吉田路線の上に成立したものであったが、同時にそれは、吉田路線に内在するねじれに目をつぶることで可能となったのである。

†核兵器への関心

その意味で、首相を辞した後の吉田が、徐々に積極的な防衛論を展開するようになったことは興味深い。たとえば吉田は、一九六二年七月に東京の日米協会で行ったスピーチで、日米安保条約を経済回復のための安上がりな方法として考えるならば、「国家としてなすべきことを見失ってしまう」と述べ、「これからは、自衛のためだけに軍備を整え、自国防衛の範囲に限定して兵力を維持するのではなく、さらに進んで、日本は共産主義の不幸な脅威から極東を防衛すべきです」と論じた。さらには、「私たちは核兵器について不平、苦情を述べるにとどまらず、必要があれば自らこれを持つ覚悟をすべきでありますし、日米二カ国だけでなく、自由世界全体の防衛についても、もっと効果的な役割を担う決意をすべきであると考えます」と、自由陣営への貢献という観点からながら、核兵器保有の覚悟にまで言及した（中島『戦後日本の防衛政策』）。それは、戦後の国際政治は共同防衛の時代であるという吉田の洞察にもとづき、日本外交の自立を希求する叫びであったように聞こえる。

ただ、核兵器への言及は、日本国内の反核感情への苦言という脈絡で行われてはいるが、国際的共同防衛への日本の参画という視点からどのように位置づけられているのかは定かではない。池田も、一九六一年の訪米時にラスク国務長官との会談で核兵器への関心を示したり、秘書官に核兵器があればいかに外交が楽になるかという感想をもらしたことがあったといわれている。以下でみるように、佐藤栄作の場合には、より明示的に核兵器保有への関心をジョンソン大統領に伝えようと試みた。

佐藤内閣は、一九六〇年代の後半に、核拡散防止条約（NPT）の受けいれは早期に決断しながらも、その批准で逡巡することもあった。多くの保守政治勢力に共通していたのは、差別的な条約によって、日本が永久に「二等国」の地位に甘んじることになるのではないかという懸念であった。おそらく、しばしば吉田路線の継承者といわれる池田や佐藤に共通していたのも、同様の感覚であった。

そこには、日本の核武装や大国主義へのアメリカを含めた諸外国の懸念に対する気遣いを欠いた、無邪気な自己主張の響きがあった。それは、深層において大国外交を放棄したことを意味する吉田路線を前提として受けいれながらも、どこか大国意識に突き動かされるという、戦略的焦点の定まらない指導者の認識を象徴していたように思われる。

ただ、このことは、個人としての指導者レベルの現象であり、戦後日本外交の形を決めるものではなかった。以下に述べるように、指導者個人レベルの核兵器への関心も、結局のところ、日本外交の方針としては佐藤内閣後期の「非核三原則」の表明に落ちつくことになる。それもまた、吉田路線の強固さを示す展開に他ならなかった。

4　佐藤栄作の自主と対米協調

†核武装論とアメリカ政府の対応

きわめて逆説的にも、吉田路線への違和感が封印された一九六〇年代は、アメリカが日本の国家的自尊心と大国意識の復活を注意深く観察し、その落とし所を慎重に探った時期でもあった。それは、前章でみたアイゼンハワー政権の日本への懸念が平和主義にもとづく中立主義に向けられたのとは対照的に、「大国日本」の自立がより深刻な問題と認識されるようになったことを意味していた。一九五〇年代にアメリカは、中立主義への懸念から、日本の保守合同を奨励し、伝統的国家主義者による安保改定の要請を受けいれた。それとは逆に、一九六〇年代には、「大国日本」への懸念が、吉田路線に立脚する日本外交を牽制したのである。戦後日本の「二重アイデンティティ」がもたらした逆説であった。

それは、日本の指導者が、そもそも大国外交を放棄したことを意味する吉田路線を受けいれながらも、大国意識にとらわれ続けるという自己矛盾から抜けだせなかったことの代償でもあった。佐藤の核兵器への関心表明は、そのことを端的に示した。

佐藤は、一九六四年末に首相に就任するや、翌年初めの訪米に備えてライシャワー大使と会談した。その際に佐藤は、今はその時期ではないと断りながらも、いずれ憲法も改正し、ここ数年で防衛への取りくみを根本的にみなおすべきであり、日本も核兵器をもつのは常識であると述べた。そして、日本はもはや帝国主義的野心をもっていないから、アメリカが心配する必要はないとも付言した。そして、防衛問題をジョンソン大統領との会談での中心議題にしたいという希望を述べたのである（中島『戦後日本の防衛政策』）。

アメリカが案ずる必要はないというのは、佐藤の本心であったことは間違いない。しかし、国家像の分裂を放置したままの、そしてその結果日本外交の戦略が曖昧なままの核兵器への関心表明が、佐藤の本心どおりアメリカに伝わるはずもなかった。ライシャワーは、佐藤の「率直さと熱意」に「容易ならぬ危険性」があることを本国に報告した。

アメリカ国務省は、この佐藤・ライシャワー会談の二週間ほど前に、「核兵器保有に関する諸国の決定に影響を与え得る要因についてのバックグラウンドペーパー（一九六四年十二月十二日）」を準備していた。それは、戦後日本の反軍・反核感情は敗戦による一時的なものであると分析し、日本の国家的自尊心が復活しつつあるなかで、日本が独自の国益を合理的に考えるようになったときに備えなければならないことを主張し、そのエネルギーを核武装に向かわないように誘導することの重要性を論じていた。佐藤の発言は、その矢先に飛びこんできたのである。

一九六五年一月の佐藤・ジョンソン会談に向けて国務省が準備した文書は、佐藤の意欲は自民党内の少数にしか通用せず、佐藤のいうように数年で日本国内の反核感情を打ち破ることにはならないと分析しつつも、日本の国家的自尊心の復活がもたらす長期的トレンドのなかで、核武装を欲するエネルギーを管理することが重要であることを改めて指摘した。そしてそれ以降一九六〇年代をとおして、日本の自己主張の高まりにどう対応するのかが、アメリカの対日政策の基調となっていった。

たとえば、一九六六年半ばに決定された対日政策文書は、日本の野心の復活は、独立した日本の防衛力と在日米軍の完全撤退というレベルにまで達し得ると警戒しつつ、日本の防衛政策に関して、日本がアメリカと一致した見解をもつように影響を与えるべきであると指摘した。そして、ジョンソン政権の末期、一九六八年十二月に取りまとめが完了した「アジアにおける日本の安全保障上の役割」と題する文書は、日本に地域的安全保障上の軍事的役割を奨励すれば、日本はより多くの資源を核開発を含めた独立した軍事力増強に振り向けることになるだろうとの対日警戒心をあからさまに示した。その上で、当面アメリカにとって望ましい日本のアジアにおける役割を、日本の防衛と国連の平和維持活動への参加に限るという、ニクソン政権に継承される方針を決定するのである（中島『同盟国日本』像の転換」）。

国連の平和維持活動への参加は、そのことで日本の安全保障面での役割増大という欲求を満足させようとする論理で検討されたものであった。日本が国連平和維持活動にようやく参加するのは、一九九〇年代のカンボジア国連暫定統治機構（ＵＮＴＡＣ）への自衛隊派遣を待たなければならなかった。しかもそれすら、困難な国内政治過程を経て、ようやく実現したものであった。一九六〇年代のアメリカの対日警戒心は、戦後日本の分裂した国家像の一方にのみ反応したものであり、必ずしも「二重アイデンティティ」に引き裂かれる日本の実像を反映したものではなかった。

もっとも、当時の日本の指導者もそのことの意味を明示的に理解していたとはいえなかった。その上で驚異的な経済成長が続き、日本人の自尊心が頭をもたげ、最高指導者が核兵器への関心を口にしたのであった。そうしたなかアメリカは、日本が独自の防衛政策を固める前に、日米の安全保障対話と協力を通じて、アメリカが実質的な影響力を行使することに努めた。

その後、今日にいたる結果は、アメリカの思惑どおりに進むことになる。しかし、それがアメリカの影響力行使の結果であったかどうかについては、慎重な解釈が必要である。

これまでみてきたように、憲法九条と日米安保関係が戦後日本の選択として不可避であったとすると、アメリカの懸念やそれにもとづく影響力行使の意図にもかかわらず、日本の選択とアメリカの考える方向性は自ずと収斂したと考えることもできる。左右の政治勢力がともに対米従属感にさいなまれる日本の問題は、そうした日米関係のあり方を、日本外交の基本的要件として明示的に認識できないことにこそあったように思えるのである。

†沖縄返還と非核三原則

こうして一九六〇年代は、「大国日本」を想起させる日本の自己主張と、依然として国内政治に優勢な平和主義とが、高度成長の潮流の下で無意識の共存を始めた時代であった。佐藤政権による沖縄返還の実現と非核三原則の表明は、その具体的ケースであった。

佐藤は、首相就任に備えた「Sオペレーション」とよばれる政策検討で、沖縄返還を佐藤のいう自主外交の優先課題にすえた。そして、首相就任早々の一九六五年一月の訪米で、早速沖縄返還問題を提起した。そして、同年八月に沖縄を訪れ、「沖縄の祖国復帰が実現しない限り、わが国にとって戦後が終わっていないことをよく承知しております」と述べ、沖縄返還にかける強い意気ごみを表明した。

当時沖縄返還にともなう日本国内の大きな関心事は、返還後の沖縄における軍事基地、とりわけ核兵器の問題であった。一九六七年十一月の佐藤・ジョンソン会談では、沖縄の返還について「両三年内に双方の満足しうる返還の時期につき合意すべきである」との共同声明が発せられるとともに、小笠原諸島の返還が合意された。佐藤は、一九六七年十二月に小笠原の返還方式についての国会質問に答えて、「本土としては、私どもは核の三原則、核を製造せず、核を持たない、持ち込みをゆるさない、これははっきり言っている。その本土なみになるということなんです」と、非核三原則をはじめて明らかにした。

沖縄返還の合意が最終的に成立したのは、一九六九年十一月の佐藤栄作首相とニクソン大統領との会談においてであり、沖縄返還協定は、一九七一年六月に調印された。そして、沖縄返還協定が批准される過程において、佐藤がかつて表明した非核三原則の国会決議が行われた。すなわち、十一月下旬、「非核兵器ならびに沖縄米軍基地縮小に関する決議案」が採択され、沖縄返還協定が衆議院を通過したのである。決議文は以下のとおりであった（田中『安全保障』）。

一、政府は、核兵器を持たず、作らず、持ち込まさずの非核三原則を遵守するとともに、沖縄返還時に適切なる手段をもって、核が沖縄に存在しないこと、ならびに返還後も核を持ち込ませないことを明らかにする措置をとるべきである。

一、政府は、沖縄米軍基地についてすみやかな将来の縮小整理の措置をとるべきである。右決議する。

アメリカ政府からみれば、沖縄返還の要求に応えることは、高まる日本の国家的自尊心をコントロールするという側面も有していた。その一方で、佐藤による沖縄返還という自主外交の課題は、日本の国内政治過程において非核三原則の国会決議を生んだ。周知のとおり、その後非核三原則は、平和国家日本を代表する政策として、ほとんど国是と化すことになる。

しかし、非核三原則は、アメリカの極東戦略を根底から覆しかねないものでもあった。日米安保関係を基軸とする日本政府が、そのアメリカの戦略に無関心でいられるはずもなかった。一九六九年十一月の佐藤・ニクソン共同声明は、ニクソンが「日米安保条約の事前協議制度に対するアメリカ政府の立場を害することなく」沖縄返還を確約した。そして佐藤は、同共同声明で「韓国の安全は日本自身の安全にとって緊要である」、「台湾地域における平和と安全の維持も日本の安全にとってきわめて重要な要素である」と述べた。いわゆる「韓国条項」および「台湾条項」である。そして佐藤は、ナショナル・プレス・クラブでの演説で、韓国に対する武力攻撃が発生し米軍が日本を基地として使用する場合には、「事前協議に対し前向きにかつすみやかに態度を決定する方針であります」と付言した。

佐藤の密使としてキッシンジャーとの交渉にあたった若泉敬の回想によると、佐藤とニクソンは、この事前協議の対象に沖縄への核兵器の持ちこみと通過の権利が含まれるとする密約を交わしていたはずであるという。それは、密約という手法の是非はともかく、日米安保関係の論理からすればあってもおかしくない話ではあった。

いずれにしても、沖縄返還と非核三原則がセットで成立したこと、そしてそのことが日米安保関係の枠組みを確認する過程をともなったことは、吉田路線に内在する日本の「二重アイデンティティ」を彷彿とさせる展開であった。対米自主の衝動と平和主義が、日米安保関係の枠組みの下で無自覚に共存していたのである。

5　吉田茂の復権

†高坂正堯の吉田茂論

そのワンマン的な政治スタイルゆえに必ずしも人望があったとはいえない吉田の外交が再評価されるようになるのは、一九六三年一月の『中央公論』に「現実主義者の平和論」を掲載して一躍注目を集めた高坂正堯が、同誌六四年二月号に「宰相吉田茂論」を発表してからである。当時日本は、日米安保条約改定が引き起こした混乱の責任をとって辞任した岸を継いで首相に就任した池田勇人の経済中心主義路線の下、目覚ましい経済成長を続けていた。

高坂の吉田論の根幹をなす視角は、国際政治構造への洞察と、その拘束の下での国家利益に対する理解からなる、外交面での国家理性にあった。高坂は、吉田の国際政治への志向性を「商人的国際政治観」とよんだが、そこで高坂が重視したのは、吉田が相互依存世界への洞察とともに、共同防衛の時代の国際政治において日本にとって軍事力は二次的な意味しかもたないという哲学をもっていたことであった。そして高坂は、占領から独立にかけて吉田が追求した国家理性が、多くの国民が求める国家利益を実現したと論じた。その意味で高坂は、池田による経済中心主義を日本の「新しい国家理性」として評価したのである（中西「吉田ドクトリン論の形成と変容」）。

同時に高坂は、日本人の独立心に形を与えることができなかったことを、吉田路線に潜む最大の落とし穴、ないし逆説として指摘した（高坂『宰相吉田茂』）。「共同防衛は世界の通念」とする吉田の認識は「間違いなく正論」であり、本来防衛をアメリカに任せることは、国家の独立にとって決定的な障害にならないが、その結果国民の独立心は失われ、外交は活力を失うというのである。池田も経済中心主義により日本の新しい国家理性を示したものの、経済面での自立と安全保障上の依存との関連に関しては問題を棚上げした。

高坂の吉田茂論は、占領から独立にかけての吉田の選択を、吉田の国際政治観や哲学にからめて再評価した。しかし高坂は、特殊な環境の下で行われた吉田外交を、日本外交の指針として吉田体制にまで高めることに関しては、強く否定的であった。それは、吉田路線に潜む陥穽ゆえであった。

高坂がたどり着いた結論は、問題なのは無限定的な依存であって、依存そのものではない、ということであった（中西「吉田ドクトリン論の形成と変容」）。高坂は、無限定的な依存が独立心に具体的な形を与えることができない結果、（左右から）ナショナリズムに精神的価値を与えようとする反動が生じることを懸念した。それこそ、高坂が案じる吉田路線のドクトリン化に潜む最大の危険性であった。

その意味で、次章以下で論ずるように、高坂が一九七〇年代から八〇年代にかけて日本の防衛安全保障政策の体系化に尽力したことは、吉田路線に独立心という魂を入れる試みとしての意味があったということができるだろう。いうまでもなくそれは、右や左からの吉田の選択への反発ではなく、吉田路線の延長線上に、日本外交の基軸を定めようとする試みに他ならなかった。

†「吉田ドクトリン」を準備した一九六〇年代

ちなみに、「吉田ドクトリン」ということばが使われるようになるのは、一九八〇年代に入ってからである。当時、一九七〇年代のデタントは短命におわり、新冷戦と呼ばれる時代環境の下で、アメリカ政府が日本に対する防衛力増強や役割分担要求を強めてきた。それは、日本国内でも安全保障政策に関する論争を惹起した。その論争のなかで永井陽之助が、「非核・軽武装・経済大国」という戦後日本の基礎を築いた功労者として吉田茂を評価し、その戦後日本外交の基本方針を「吉田ドクトリン」とよんだ（永井『現代と戦略』)。そのとき、次章以下でみるように、高坂が深く関与した「防衛計画の大綱」や「総合安全保障戦略」の策定が進んでおり、吉田路線が日本外交の基軸としての体系を備えつつあった。本章が考察した一九五〇年代半ばから六〇年代にかけての日本外交は、その重要な準備期間であったと意義づけられそうである。

鳩山内閣の外相であった重光の私案提示から本格化した日米安保条約改定のプロセスは、本来右の伝統的ナショナリズムから発した対米自立の衝動が、結局は日米安保を基軸とする吉田路線の枠内でその衝動を満たすという結末に終わった。高坂の吉田論に引きつけていえば、岸が安保条約の改定で日本の独立心を満たそうとしたことは、伝統的国家主義者が、吉田路線が体現する国家理性に引き寄せられたことを意味していた。

池田の経済中心主義路線は、その前提の上に可能になったものであった。ただ、池田が日本外交の自立に無関心であったかといえば、決してそうではなかった。池田は、吉田路線の強靭さを確認した上で、そこでの従属の構造には眼をつぶることで、経済面での日本の自立に当面のエネルギーを傾注したのである。しかし、そこでの経済と安全保障の乖離は放置された。

対照的に佐藤は、その乖離を埋めようとした。核兵器への関心をあれだけ明確にアメリカに対して表明しようとしたことは、その意欲の表れであったし、一見無邪気にも核兵器という究極的手段への関心を示したことは、その乖離の絶望的な深さを象徴するものでもあった。結局佐藤も、沖縄返還による対米自主の実現、非核三原則の表明、そして佐藤・ニクソン共同声明での韓国条項と台湾条項にみられるように、吉田路線の枠にもどる形で外交の基軸を定めることとなった。

また、一九六〇年代は、アメリカが「大国日本」への懸念を深めたときでもあった。それまで優勢であった中立主義による日本の自立への心配ではなく、伝統的な日本のナショナリズムによる日本の対米独立が懸念されたのである。その結果アメリカは、復活する日本の国家的自尊心を日米安保関係の枠組みに吸収しようと試みる。しかし、同時に、吉田路線下の日本外交の構造的制約により、日本が日米安保関係の枠組みを超えた外交を試みることは、そもそも不可能であった。

こうして、一九五〇年代後半から六〇年代にかけての日本外交には、あたかも見えざる手が作用していたかのようであった。その見えざる手の正体こそ吉田路線であった。吉田路線のドクトリン化とは、日本外交が吉田路線を明示的に受けいれ、日米安保関係を基軸とする基本的枠組みを体系化するプロセスであった。その試みが始まるのは一九七〇年代である。

第三章

米中和解と日本外交

1 米中ソと日本

†ニクソン＝キッシンジャー外交

一九七〇年代の国際政治は、米中ソ関係の急展開で幕を開けた。一九六九年一月に大統領に就任したリチャード・ニクソンは、ハーバード大学の国際政治学者ヘンリー・キッシンジャーを安全保障問題担当大統領補佐官として迎え、アメリカ外交の立てなおしに着手した。ニクソン＝キッシンジャー外交は、米中和解、米ソ・デタント、ヴェトナム戦争の終結という国際政治構造の大転換をもたらし、当時それは、「交渉不可能性の相互認識に立った非軍事的単独行動の応酬」（永井陽之助）と定義される（狭義の）冷戦の終結といわれた。

世界を舞台とする権力闘争としての冷戦は続いていたから、その広義の冷戦が一九八九年に終焉を迎えたことから後知恵的に振り返れば、一九七〇年代の冷戦の終結は、米ソの権力闘争の様式が変わったことを意味していた。しかも、後に触れるように、一九七〇年代の緊張緩和は短命に終わり、十年程で「新冷戦」の時代がくる。しかし、一九七〇年代に、当時の専門家が冷戦の終結を論じるほど、国際政治に米中ソ関係を軸とする戦後最大の構造変動が起きたことは間違いがなかった。

ニクソンとキッシンジャーがアメリカ外交の課題として取りくんだことは、それまでの封じ込め政策を転換させることであった。彼らは、中国とソ連という二大共産主義国を伝統的な権力政治の対象としてとらえなおすことによって、大国間勢力均衡外交が機能する「平和の構造」を構築し、その新たな国際政治構造のなかでヴェトナム戦争を終結させることをめざした。そして、中ソ対立の激化を背景にして、中国との和解が、米中ソ関係を転換させようとするニクソン＝キッシンジャー戦略の重要な鍵となった。

その戦略を可能にしたのは、一九六九年に中ソ関係が極度に悪化したことであった。中ソ対立は、一九六〇年代に党レベルのイデオロギー論争から国家レベルでの抗争へと着実にエスカレートし、ついに一九六九年春に、中国とソ連との国境地帯にあるウスリー江のダマンスキー島で中ソ両軍が衝突した。それは、同年八月に、新疆・ウイグル地区での武力衝突へと拡大した。

そうしたなかで、ソ連は中国の核施設を含む軍事施設への限定的空爆を真剣に考慮した。それは、最悪の場合、中ソ核戦争を引き起こしかねなかった。中国は、北京の目抜き通りの地下に核シェルターを急造し、一時ほとんどの共産党指導者が北京郊外に避難するなど、ソ連の脅威を真剣に受けとめた。ソ連も、アメリカをはじめとする西側諸国に対して、極東における核戦争が起きた場合の対応を水面下で打診するなど、中国への攻撃態勢を整えた。

そこでアメリカが動いた。ニクソンは、一九六九年八月に、ソ連の対中攻撃が現実味を帯びてくるなか、「中国を孤立させる仕組みには加わらない」というメッセージを、パキスタン・チャンネルを通じて秘密裏に中国に伝えることで、米中和解へ向けての具体的第一歩を踏みだした。

ソ連を主要な敵とする戦略の立てなおしに動いた中国は、そのニクソンの働きかけに応えた。中国の戦略は、もっぱら対ソ対決を中心にすえており、中ソ対立を利用して、自国に有利な「スイング・ポジション」を確保しようとしたニクソン＝キッシンジャー戦略とは必ずしも同一ではなかった。しかし中国は、ソ連を社会帝国主義とよび、対ソ統一戦線を組みなおす立場から、米国との和解に踏みきった。

それ以来ニクソン政権は、中国との和解を、米中両国と国交をもっていたパキスタン・チャンネルとルーマニア・チャンネルを使い水面下で推進した。一九七一年になると、対中和解とヴェトナムからの撤退を関連づけるアメリカの戦略的意図は、中国の指導者にも明白に伝わった。そして四月には、当時名古屋での世界卓球選手権に参加していたアメリカチームを中国に招待する「ピンポン外交」を演出し、対米和解の準備が整ったことを示すシグナルを送った。

対中関係の打開に自信を深めたキッシンジャーは、一九七一年七月、パキスタンおよび東南アジア歴訪中の九日から十一日にかけて、パキスタン政府の仲介で秘密裏に北京を訪問し、一九七二年五月以前にニクソン大統領が訪中することの段取りについて合意をとりまとめた。その事実は、一九七一年七月十五日のニクソン大統領によるテレビ演説で明らかにされ、「ニクソン・ショック」として世界を震撼させた。

同年十一月に訪中したファン・ヴァン・ドン北ヴェトナム首相は、ニクソンの訪中招請を取り消すよう要求したが、逆に毛沢東は、南ヴェトナム政府を温存したままの戦争終結を進言し、アメリカの政策を後押しした。ニクソン大統領は、当初の見込みより早く一九七二年二月に訪中し、上海コミュニケに調印した。

以上の米中和解を、ソ連を共通の敵とする米中の戦略的提携とする解釈があるが、その視点からは当時の国際政治変動の深層はみえてこない。ニクソン政権の対中政策の根幹にあったのは、大国間の伝統的な勢力均衡外交を信奉する一種の外交哲学であり、概念的には、中国とソ連は同次元の国際政治アクターとして認識されていた。そして中国は、ニクソンとキッシンジャーの概念どおりの戦略ゲームを理解する国であった。

ニクソンとキッシンジャーがイメージしていたのは、中ソ対立を利用して米中ソ関係のなかで戦略的な「スイング・ポジション」を確保すること、そして、その立場を最大限に利用して中国との戦略的和解とソ連とのデタントを並行して進めることであった。そして同時に、中ソ両国との関係改善の力学を使って、ヴェトナム戦争の終結がめざされた。その結果、一九六九年から七三年にかけてのアジアの国際政治は、これら三つの局面がそれぞれに有機的な関連をもって同時に進行したのである。

ニクソン政権は、米中和解を進めながら、ソ連との間で戦略兵器制限交渉(SALT)を推進し、ソ連とのデタント関係の構築に動いた。事実、「ニクソン・ショック」に直面するとソ連のSALT交渉への熱意は高まり、訪中前のニクソン大統領の訪ソを求めるようになった。ソ連なりの外交の立てなおしを急務としていたソ連の指導者に、米中和解に抵抗して孤立する選択肢はなかった。結局ニクソン大統領は、中国訪問後の一九七二年五月にモスクワを訪れ、SALT協定およびABM(対弾道ミサイル)制限条約に調印し、米ソ・デタントの重要な枠組みを整えた。

こうして中ソ両国の指導者は、新たな対米関係の構築に動き、ヴェトナム戦争の国際政治的意味を転換させようとするニクソン政権の論理を受けいれた。その間アメリカは、ラオスやカンボジアに戦火を拡大するなど、停戦後をにらんで北ヴェトナムに対する軍事的攻勢を強めたが、それがもはや米中関係や米ソ関係を損なうことはなかった。

そのことは、大局的には北ヴェトナムが中ソ両国から孤立したことを意味していた。中国は、表向きには北ヴェトナムへの支援を公言しつづけながらも、ヴェトナム戦争終結へ向けて、慎重な対北ヴェトナム外交を進めた。最後までアメリカと戦い抜くことを決意していた北ヴェトナム政府が停戦に同意した背景には、アメリカの冷戦戦略にとってヴェトナム戦争の意味が変化したことを伝えた中国の役割があった。

とりわけ、ニクソン政権の新戦略が、世界のリーダーとしての「名誉ある撤退」を求めつつも、事実上の南ヴェトナム放棄を覚悟したものであったことが重要であった。事実、一九七三年一月にパリでヴェトナム和平協定が調印され、その後、停戦協定が破られ北ヴェトナムによる南ヴェトナム攻撃が再開されても、アメリカが動くことはなかった。そして、一九七五年四月、ついに南ヴェトナムの首都サイゴンが陥落し、翌年ヴェトナムは統一された。

†分裂する日本像

米中和解の過程で米中両国の指導者が日本について語っていることは大変興味深い。米中和解を進めたニクソン＝キッシンジャー外交がめざしたことは、封じ込め戦略に根本的修正を加え、大国が合理的に国益を追求する過程から生まれる勢力均衡を安定させることであった。中国の指導者は、そうした古典的な外交観を共有していた。後にニクソンとキッシンジャーは、毛沢東や周恩来を、一国の指導者としてほとんど手放しで賞賛しているが、その源には中国の指導者が同じ言葉と概念で国際政治を語れることへの共感があった。

それとは極めて対照的に、ニクソンとキッシンジャーは、戦略論を語れない日本の政治指導者をほとんど軽蔑していた。キッシンジャーは、日本の指導者は「概念的に考えられず、長期的ヴィジョンもなく」、さらには「退屈、鈍感であり、継続して注意を払う価値がない」とまでいいきっていた。

その反面、ニクソンやキッシンジャーの国際政治への常識的感覚からすれば、経済大国となった日本が、いずれ政治的にも自己主張を強めることは自明のことであり、やがて核武装することも決して考えられないことではなかった。

しかし、その種の大国間勢力均衡外交の舞台から降りたことが、戦後日本外交の最大の特徴であった。それが意味すること、本書の議論でいえば日本の外交を実質的なミドルパワー外交としてとらえる視点は、ニクソンやキッシンジャーの日本理解には完全に欠落していた。そして、米中両国の指導者が語る日本像は分裂していた。彼らは、一方で「大国日本」に対する不信感と懸念を共有するとともに、他方で日米安保関係を前提とする日本の重要性について論じていた。

一九七一年七月にキッシンジャーが極秘訪中した際に、九日の第一回会談で、周恩来は、当時日本で進行中の第四次防衛力整備計画（四次防）の策定過程に強い危機感を表明し、「日本の経済はすでに拡張した。経済的拡張は必然的に軍事的拡張につながる」と論じた。それに対してキッシンジャーは、「強い日本と強い中国とでは、強い中国の方が拡張主義的ではない」と中国への信頼感を表明し、「日本との防衛関係は日本が攻撃的政策をとることを防いでいる」と、いわゆる日米安保の「瓶の蓋」論を披露した。

翌日七月十日の第二回会談でも、再び日本問題が取りあげられた。周恩来は、米軍が撤退した後に台湾やマラッカ海峡に進出しようとしている「日本軍国主義者の野望」に言及し、四次防の予算はそれまでの三次にわたる防衛力整備計画の合計を五割も超えるものであり、日本の経済力からすれば二、三年で達成が可能だという具体的懸念に言及した。それに対してキッシンジャーは、「我々は、台湾における日本のいかなる軍事的プレゼンスにも、強く反対する」と、明確に述べた。

ニクソン大統領も、一九七二年二月の歴史的訪中の際に、周恩来との会談で日本問題について多くを語った。周恩来は、日本が「今のように外国に膨張していけば、軍事的膨張が結果的に避けられない」と論じ、「ある点までくれば、彼らはあなた方のいうことを聞かなくなる」とニクソンに問いかけた。ニクソンは、「日本は、民族として、膨張主義の衝動と歴史をもっている」と周恩来に同調し、アメリカが日本の防衛を引きうけていれば、「経済的膨張の次に軍事的膨張がくるという道を、日本にたどらせないことができる」と応じた。ニクソンは、訪中前に、日本の核武装を阻止し、日本に対する影響力を保持するためには、日本に核の傘を提供することが最良の政策であり、日本が韓国、台湾、ソ連、インドに進出することに反対するが、日米安保条約がなければ日本に対する忠告は「空砲」となり、「暴れ馬」をコントロールすることはできない、とする手書きのメモをしためていた。

米中の指導者は、日本を「暴れ馬」にたとえ、そうした日本を制御することに日米安全保障関係の戦略的価値を見出していたのである。いわゆる「瓶の蓋」論である。後にニクソンは回顧録のなかで、アメリカが日本との安全保障関係を維持しなければ日本に対する影響力がもてなくなり、その意味で日米安保関係は「米中両国に共通する国家安全保障上の利益」であると書いた。さらにキッシンジャーの回顧録も、徐々に中国の指導者は、「日本との同盟」を、「アメリカの西太平洋における関心の継続と日本のユニラテラリズム（一国主義）に対する手綱」としてみるようになり、「強く支持」するようになった、と記している。

しかしながら、同時に周恩来は、戦後の日本には全く新しい現実が着実に根を下ろしていることも理解していた。周恩来は、一九七一年十月にニクソン訪中の準備のために再度訪中したキッシンジャーとの会談で、「しかし、日本は一九三〇年代や四〇年代の日本とも違う。日本人民には大きな変化が起きた。したがって、日本政府の拡張主義的政策を挫き、平和の政策を後押しするならば、この事態は改善することができる」と論じていた。

日中国交正常化を進めた周恩来の戦略は、新しい日本に積極的に働きかけることによって「軍国主義」の復活を抑え、そうした基本方針に沿って日本との国交正常化を実現することであった。一握りの「軍国主義者」と一般国民を区別するという公式の対日政策は、その戦略の上に乗ったものであった。

実は、アメリカの対日政策も、実際には戦後の新しい日本を前提にしていた。以下で触れる「ニクソン・ドクトリン」が示すように、日米安全保障条約にもとづいて日本の責任分担を求めるというニクソン政権の公式の政策が、まさにそうであった。アメリカが責任分担の論理によって対米協力を求める相手としての日本は、「大国日本」ではなかった。

当時中国の研究者たちは、独特の戦略的嗅覚から、米中ソ関係を「大三角」と名づけ、日中ソ関係を「小三角」とよんだ。それは、日本外交の性質をよく表していた。日本が米中ソ三国と同様の戦略ゲームを繰り広げれば、そこには「大四角」が成立するはずである。しかし、日本の戦略的拠り所は、あくまで日米安保関係であり、それゆえ日本を一角とする三角形は「小三角」なのである。だからこそソ連を主要な敵としてみすえていた当時の中国は、日米安保関係を積極的に評価したし、一定の日本の防衛力増強を歓迎もした。しかし、当の日本自身は、「大三角」の戦略ゲームはもちろん、「小三角」のゲームにも加わろうとしなかった。一九七〇年代の日本外交は、中ソ対立を日本外交の前提として受けいれることを拒否し、中ソ等距離外交を志向した。次章でみるように、一九七二年の日中国交正常化の後、一九七八年にようやく妥結した日中平和友好条約の交渉過程で、中国が日本に対してソ連を意識した「反覇権」条項をもちかけても、日本は必死になってその大国間戦略ゲームの論理を拒絶した。そしてそれは、一九六〇年代に定着した多くの日本人の戦後平和主義および経済中心主義にも合致した。

したがって、日本外交の根幹であるはずの日米安保関係が、「大三角」はもちろん「小三角」の論理の一部として位置づけられることもなかった。日米安保関係は、アメリカのみならず、中国やソ連からみても、米中ソ関係および日中ソ関係のなかで、日本の立ち位置を示す核心的要素であった。しかし、当時の日本は、日本外交の基軸であるにもかかわらず、日米安保関係をそうした戦略的視点からとらえることを拒否した。

では、日本外交の実像は何だったのか。いま一度米中和解の前に立ち戻って振り返ってみよう。

2 ミドルパワー外交の萌芽

†「ニクソン・ショック」と朝鮮半島情勢

一九六九年七月、ニクソン大統領は、グアムにおける記者団との非公式会談で、核の傘の提供を含めた同盟国との条約上の義務は守るが、防衛の第一義的責任は各国に期待するという方針に触れた。それは、一九七〇年二月の外交教書で公式化され、「ニクソン・ドクトリン」とよばれるようになった。その背後には、冷戦政策のなかで拡大しすぎた対外コミットメントを整理し、アメリカ外交を立てなおそうとする基本方針があった。中国とソ連との関係を再構築し、新たな大国間関係の構図の下でヴェトナム戦争からの撤退を実現した外交は、そうした基本方針を反映したものであった。「ニクソン・ドクトリン」は、そのニクソン外交の大枠のなかで、アジアの同盟国に対する新しい方針を示したものであった。

しかし、当時の日本に、その種の役割を担う準備は全くなかった。日本の国民世論はもちろん、佐藤栄作政権にも、日米安保関係を、地域安全保障のための日米責任分担の装置として受けとめる用意はなかった。事実、前章でみたように「韓国条項」と「台湾条項」は、日本国内で猛反発を招いた。これらの条項は、戦後日本の安全保障政策からすれば、かなり思いきった立場の表明であり、国内の反発は十分に予想されたことであった。にもかかわらず、佐藤が「韓国条項」と「台湾条項」に合意したのは、沖縄返還の代償として受けいれざるを得ないと判断したからであった。

しかしながら、ニクソン外交の新方針からすれば、沖縄返還と「韓国条項」・「台湾条項」は密接な戦略的関連性をもっていた。沖縄返還は、ヴェトナム戦争が終結していない状況下で、軍部の反発を招いたが、沖縄返還の政治的論理は、中国とソ連との関係を転換させ、ヴェトナム戦争を終結に導こうとするニクソン外交の基本方針に合致していた。そして、沖縄返還にともなって「韓国条項」や「台湾条項」に示された日本の責任分担を求めることは、「ニクソン・ドクトリン」の政策的実施に他ならなかった。

「ニクソン・ドクトリン」は、当面はヴェトナム戦争の終結と深い関連をもっていたが、在韓米軍の縮小も含んでいたため、韓国の朴正熙政権にも大きな影響を与えた。一九七一年二月には、在韓米軍六万二千人の兵力のうち二万人が削減されることで米韓の合意が成立した。ニクソン政権の「仕打ち」に対して、朴正熙政権は、怒りに満ちた不信感をあらわにした。

その最中に突如襲った「ニクソン・ショック」(米中和解)は、朝鮮半島をはじめとするアジアにおいて中国の影響力が増すことをアメリカが認めたことを意味した。米中和解に際して北朝鮮の中国に対する失望感も募ったが、中国は北朝鮮に対する気配りを欠かさなかった。中国は、一九七一年七月にキッシンジャーが極秘裏に北京で周恩来と会談している最中に、毛沢東、林彪、周恩来の連名によるメッセージを金日成に送り、中朝防衛条約の十周年を祝うとともに、「アメリカや日本が侵略戦争を仕掛けてきても、中国人民は朝鮮人民と一致団結し、肩を並べて侵略者を完全に敗北させるまで戦う」ことを確約した。また、ニクソンのテレビ演説の前日に、李先念副総理を平壌に派遣した。

中国が金日成に何を伝えたのか、詳細は不明である。しかし、米中和解を進めるアメリカが、ヴェトナム戦争をはじめとしてアジアの紛争から撤退しようとしていること、そしてそれは朝鮮半島における在韓米軍にもおよぶことを説明した可能性はかなり高い。中国の指導者は、キッシンジャーとの秘密会談で、ニクソン政権の政策をかなり正確に理解していた。キッシンジャーは、極秘訪中初日七月九日の周恩来との会談で、ヴェトナムや台湾からいずれ米軍を撤退させるという原則を明確に述べた後、在韓米軍に関して以下のように発言していた。

正直申しあげて、私は朝鮮問題で我々がそれほど長い間手間取る必要はないと思う。今の政治的進展にともない、自然に解決されると確信している。我々の韓国における軍事的プレゼンスは、我々の外交政策を永遠に特徴づけるものではない。撤退の正確なタイムテーブルは、おそらくニクソン大統領が議論できるだろうし、あるいは、そのことは極めて予測可能な将来において自然に解決されるだろう。

そのほぼ一カ月後の八月六日、金日成は、韓国の政権党を含めたすべての政党、あらゆる社会団体と個人といつでも接触する用意があることを声明した。そして九月二十日に、朝鮮戦争が終わって十八年ぶりに、赤十字代表による南北対話が板門店で実現した。そして一九七二年七月四日、外部勢力の介入を排して自助努力で統一を達成すること、および統一は武力の行使によらず平和的手段で達成されることをうたった南北共同声明が発表された。北朝鮮の主要な意図は、米軍の撤退を促進するための環境作りにあった。そこに、米中和解をめぐって明らかとなったニクソン政権の意図が、中国によって北朝鮮に伝えられていたことを示す傍証を読みとることができるだろう。

朴正熙政権が、アメリカに反発し、北朝鮮との対話を進めながら最も力を注いだことは、

「維新体制」とよばれた権威主義的な統治基盤を固めることであった。一九七二年十月十七日、朴正熙政権は、戒厳令布告と国会解散を断行し、「維新体制」の樹立に着手した。朴正熙政権は、大国関係の緊張緩和により自国の利益が損なわれるなかで自立を維持するためには、強力な国家が必要であることを主張し、「維新体制」を正当化した。

結局のところ、ニクソン政権の外交は、米中和解を柱とする新しい大国間関係の構築に力点をおくものであり、朴正熙政権が懸念したように、韓国の利益は二の次とされた。アジアの政治的枠組みは中国との安定的関係を軸として維持していくことが、米中和解から導かれる基本方針に他ならなかった。米中和解は、中国の朝鮮半島政策が現状維持に傾斜する転機となり、中国には北朝鮮の韓国に対する挑発行為を牽制する役割が期待された。ニクソン政権の在韓米軍撤退の方針は、そうした大国間関係の構図のなかでこそ、戦略的に合理性があった。

†日韓安全保障協力の論理

こうしたなか「維新体制」の樹立に走った朴正熙政権は、出口をふさがれた状態で強権的なナショナリズムに行き場を求めたということができるだろう。結局アメリカの知るところとなり断念させられることにはなるが、朴正熙政権が一九七二年以降核兵器開発を秘密裏に進めようとしたことも、そのことを象徴していた。こうして、「ニクソン・ドクトリン」と「ニクソン・ショック」によって追い詰められた韓国ではあったが、実は韓国には、潜在的な未開拓の出口が残っていた。日本である。

韓国政府は、佐藤栄作内閣が総力をあげて取り組んだ沖縄返還の問題を、アメリカによる韓国防衛への影響という観点から注視していた。そして、沖縄返還にともない、米軍基地の軍事的価値が低下してはならず、その迅速かつ効果的使用が妨げられてはならないという見解を、日米両国政府に伝えていた。

したがって、一九六九年十一月に、「韓国条項」を含む日米共同声明に署名した佐藤が、ナショナル・プレス・クラブの演説で、韓国に対する武力攻撃が発生し、米軍が日本の基地から出動する場合には、「事前協議に対して前向きに、かつすみやかに態度を決定する」という方針を表明したことは、韓国の主張を反映したものとして韓国政府から歓迎された。これは、事実上韓国が、日米安全保障条約をとおして米軍基地を支える日本の役割を、朝鮮半島の安全保障という文脈で認知した、戦後はじめてのケースであった（チャ『米日韓　反目を超えた提携』）。

しかしながら、日本外交の現実は、地域安全保障のなかでの日米安保関係の役割に現実的な配慮を示すところまでは変化していなかった。依然として、国民世論は圧倒的に平和主義であったし、日本政府が専守防衛の枠を越える安全保障政策を提起することは、政治的にタブーであった。アメリカからすれば、沖縄返還にともなって日本の安全保障上の役割増大を求めたわけだが、その論理を受けいれる前提は、当時の日本にはまだなかったのである。

総じて日本は、米中和解や米ソ・デタント後の国際情勢を、文字通り緊張緩和の脈絡で受けとめた。したがって、「韓国条項」は、緊張緩和に逆行するものとして、一九七〇年代をとおして修正されていくことになる。それにともない、日本の北朝鮮に対する政策も融和的要素が強くなり、それはむしろ日韓関係に摩擦を引き起こした(崔『冷戦期日韓安全保障関係の形成』)。

ただ、まだ日韓両国によって明示的に認識されたわけではないものの、日韓安全保障協力の輪郭が、この時期に潜在的に姿を現したといえる。そこには、日本が朝鮮半島を取り巻く「四大国」の一角を占めるという一般的な認識とはむしろ裏腹に、アメリカとの同盟関係ゆえに、日韓両国が構造的に安全保障上の対等のパートナーであるという姿が浮かびあがる。

こうして、沖縄返還と「韓国条項」をめぐって、佐藤内閣が結果として韓国の安全保障上の要請に応えることになったのは、まさに日本と韓国が、国際政治構造上近似した立場にあったからであった。そこに、認識の束縛を超えて、対等な立場で安全保障協力を推進すべき日韓関係の潜在的な姿が現れていた。

3 自主防衛論と非核中級国家論

†自主防衛論とその挫折

では、アジアからの撤退方針を示した「ニクソン・ドクトリン」に対して、日本はどのように反応したであろうか。

当時「ニクソン・ドクトリン」に刺激される形で日本の自主防衛論を最も明示的に推進したのは、一九七〇年一月に自ら志願して第三次佐藤内閣の防衛庁長官となった中曽根康弘であった。占領下の国会に黒ネクタイで登院し、若い頃から大学ノートに国家論をしためてきたといわれる中曽根が、ニクソン政権による政策転換を利用して日本の主体性の回復を試みようとしたことは、極めて自然なことであった。中曽根の自主防衛論の主要な目的は、国民の防衛意識を高めること、および日米安保関係と日本の防衛戦略との間の主従関係の論理を逆転させることにおかれた。中曽根は、同年三月に、自由民主党安全保障調査会で次のように主張した。

日本自体が固有の、日本本位に立った防衛戦略をもち、アメリカと機能を分担調整するという形にならなければならない。幸いに、今はアメリカは引き潮であり、日本人の意識は満ち潮である。そこで従来のような漠然たる対米期待や無原則的な依存の形から脱却し、任務分担を明確にし、日米が実質的にも対等の立場に立つ必要がある。

こうして中曽根は、自主防衛論の政策化に取りくんだ。まず、一九五七年に策定され、依然として日本の防衛政策の綱領的文書となっていた「国防の基本方針」の改定を提起した。とりわけ、「外部からの侵略に対しては、将来、国際連合が有効にこれを阻止する機能を果たし得るに至るまでは、米国との安全保障体制を基調としてこれに対処する」とする第四項が象徴していたアメリカへの依存を前提とした防衛姿勢を、日本国民が自ら国を守ることを「主」とし、日米安保体制を「従」とする新たな論理へと転換しようと試みた。そして、自主防衛と並んで、文民統制と非核三原則を新たな柱として加えようとした。

中曽根は、新たな国防の基本方針の五原則について、一九七〇年二月に第六十三回特別国会で骨子を示した後、同年三月、自衛隊高級幹部会合で行った訓示で、自主防衛の五原則として詳細に語った。すなわち、第一に、憲法を守り国土防衛に徹すること、第二に、防衛と外交の一体化を図り、諸々の国策との調和を保つこと、第三に、文民統制を全うすること、第四に、非核三原則を維持すること、そして第五に、日本の防衛を日米安保体制によって補完すること、である（中曽根『二十一世紀日本の国家戦略』）。一九七〇年七月二十四日に開催された国防会議議員懇談会は、「国防の基本方針」を改定の方向で検討することで一応の合意に達したが、中曽根が同懇談会に中曽根試案として提出したメモも、以上の五原則をうたっていた。

さらに中曽根は、従来の防衛力整備計画が「局地戦以下の侵略」を対象としていたものを、予想される脅威に対抗できる防衛力構想へと拡大しようと試み、当時策定作業が進んでいた「第四次防衛力整備計画（四次防）」への大幅な修正を試みた。その基本的考えは、一九七〇年十月二十一日に「新防衛力整備計画案の概要」として、自民党の安全保障調査会と国防部会の合同会議に報告された。それは、防衛庁の社会的認知と国民の防衛意識の高揚を狙って、戦後はじめて『防衛白書』が公表された翌日のことであった。

こうしたなか、自主防衛論を軌道修正する動きが、日々の防衛政策を運営する官僚組織の中枢から生まれた。その中心人物は、一九七〇年十一月に防衛庁防衛局長となり、中曽根構想の渦中で防衛政策策定の責任を担った久保卓也であった。久保は、「防衛力整備の考え方」（一九七一年）という個人論文を防衛庁内部に配布し、「今日予想される将来の脅威（軍事的能力）に十分応じうる防衛力又はそれに近いものを整備の目標とはしない」と、「所要防衛力」の発想に異議を唱えた。そして、「所要防衛力」が必要とされる事態とのギャップは、「緊密な日米関係」によって対処するとした（田中『安全保障』）。

こうした最中、中曽根は、一九七一年七月五日の内閣改造で自民党の政調会長に転じた。そしてその十日後、佐藤内閣は、ニクソン大統領自らがキッシンジャー大統領補佐官による極秘訪中の事実とニクソン大統領の訪中計画をテレビ発表した「ニクソン・ショック」に見舞われた。この米中和解をうけて、一九七二年七月に誕生した田中角栄内閣は、中国との国交正常化を急いだ。その過程で、中国は、それまで完全に敵視してきた日米安保関係を、「日本にとって非常に大事であり堅持するのが当然」（周恩来）であるとみなすようになった。その意向は、中国の指導者から、田中首相をはじめとする日本の政治指導者に何度か繰り返し伝えられた。

米中が和解し、中国が日米安保関係を容認すると、日本国内では、日米安保体制に反対してきた革新勢力の勢いが弱まった。また、米中和解と密接な関連をもっていたヴェトナム戦争の終結が現実のものとなると、「巻き込まれ」の論理も弱まり、日米安保体制に反対する勢力はさらに後退した。

しかし同時に、米中和解、米ソ・デタント、ヴェトナム戦争の終結がもたらした緊張緩和の雰囲気は、日米安保体制の重要性に対する日本国内の感覚をも弱めた。先にみたように、そもそも一九七〇年代のデタント期は、米中ソ「大三角」が一定の安定関係を築き、その構図のなかでアメリカの対外コミットメントが縮小され、その分同盟国の役割が高まるという図式にあった。しかし、そうした国際政治の論理構造に対して、日本国内の政治勢力および国民世論の多くは、緊張緩和の時代だからこそ日米安保および日本の役割は縮小されるべきであるという国内論理で反応した。

その結果、自主防衛論は事実上頓挫した。中曽根が「四番煎じ」として嫌った「四次防」は、結局「三次防」を継承する形で、予算規模や主要装備も大きく縮小されて、一九七二年十月に成立した。その後、田中首相の指示にもとづき一九七三年二月に増原恵吉防衛庁長官が提出した「平和時の防衛力」についての国会報告がわずか十日で撤回されるという騒動を経て、一九七三年十月に石油危機が起きるなかで、自主防衛論は勢いを失った。

†非核中級国家論とその挫折

前述のように、中曽根は自主防衛論を掲げつつ「国防の基本方針」の改定を試みた。しかし、常に大局的な戦略論を考えていた中曽根にとって、自主防衛はその一部に過ぎなかった。中曽根が唱えた「国防の基本方針」改定五原則のうちの、防衛と外交の一体化、文民統制、非核三原則も、それぞれに日本の防衛政策の重要な要件であった。

とりわけ中曽根は、自主防衛を主張しながら、非核三原則と一体化したものとして非核中級国家論を唱えた。当時中曽根は、防衛庁を軸とした内部検討を経て、核武装は日本の戦略にとってマイナスであるという結論に達していた。中曽根は、先に述べた一九七〇年三月の自衛隊高級幹部への訓示で、以下のように述べた（中曽根『二十一世紀日本の国家戦略』）。

国際情勢はますます多元的な要素によって動くと思われ、非核国の対核戦略も国際的な政治、経済、軍事の結びつきによって相当程度形成される可能性がある。私は、日本は非核三原則の上に立って中級国家としての日本の独自の戦略構想を探求すべきであると考える。

さらに中曽根は、一九七〇年十月に自らのイニシアティヴで戦後はじめて刊行された『防衛白書』の前書きでも、非核中級国家としての防衛構想を唱えた。その構想は日米安全保障体制と一体となってはじめて意味をもつものであり、自主防衛もそうした総合戦略の一部に他ならなかった。中曽根は、『防衛白書』で、「今日の世界では、自主防衛は必ずしも単独防衛ではない。……集団安全保障体制も、自主性をもって国益を守りながら運用されれば自主防衛の一形態である」と論じ、日米安全保障条約の下で、「日本固有の防衛体系を確立しつつ相互協力を行い、日米安全保障条約を弾力的に運用」することを訴えた。

こうした中曽根の非核中級国家論には、アジアでの侵略戦争に対する内省にもとづいた大国路線を否認する外交感覚が反映されていた。後に中曽根は、「日本が大国的な印象をもたれるのは避けたかった」、「これが、戦争体験から生まれた反省に立った、戦後日本の理想であり、現実でもありました」と回想している（中曽根『中曽根康弘が語る戦後日本外交』）。

しかし、中曽根の非核中級国家論は、当時の佐藤内閣のなかで極めて不評であった。一九七一年三月九日の参議院予算委員会で社会党議員の追及を受けた佐藤首相は、最初は「存ぜぬ」と知らぬふりを装い、さらなる追及に「非核はいいが、中級というのはどうか」と述べ、その表現は政府としては使わないと答弁した（毎日新聞、一九七一年三月十日）。そして、その数日後の十六日、中曽根と佐藤の話し合いの結果、「非核専守防衛国家」という表現で政府見解の統一を図る合意が成立した（毎日新聞、一九七一年三月十六日、夕刊）。非核中級国家論は、こうして極めて短命に終わり、中曽根自身もその後その概念を使うことはなくなった。

中曽根の非核中級国家論の運命は、中曽根の外交戦略論を体系として受容する素地が、日本社会に不在であったことを示していた。防衛庁長官時代の中曽根に関する考察や論評が、もっぱら自主防衛の試みに着目し、それを国家主義的色彩の強いものとして解釈する傾向にあることも、そのことを端的に物語っている。さらには、佐藤首相がいみじくも答弁したように、高度経済成長を経て大国としての自意識を急速にもちだした多くの政治指導者の外交論にも、中級国家という戦略的概念の居場所はなかった。

そこには、実態としては中級国家以下の防衛政策しかもち得ない日本の国家像の分裂が象徴的に表れていた。中曽根の非核中級国家論には、日本の国家像の分裂を中庸で統合する潜在性が潜んでいたのであるが、そのことの意味は、戦後平和主義勢力にも、伝統的国家主義者にも、日本政府にも理解されなかったのである。

†中曽根康弘の外交感覚

これまで、戦後日本外交論のなかで中曽根康弘による外交論のすっきりした居場所は必ずしもなかったように思う。周知のとおり中曽根は、占領中に若くして国会議員となって以来、吉田の護憲の立場と吉田が締結した日米安保条約を一貫して攻撃してきた。佐藤栄作内閣の防衛庁長官時代に中曽根が推進しようとした自主防衛や対米対等化は、伝統的国家主義者としての試みとして意義づけられることが多かった。しばしばそこには、かねてより憲法改正を唱え、首相時代に靖国神社への公式参拝に踏みきった中曽根のイメージが投影されてきた。

先にみたように、そもそも外交路線としての吉田路線は、憲法九条と日米安保条約という、その生い立ちの国際政治的背景が全く異なる選択を共存させるものであった。憲法九条は、冷戦発生以前の、中国をアジアにおける国際秩序の安定勢力として育てようとする秩序構想のなかでの戦後日本の姿を象徴的に示すものであった。それに対して日米安保条約は、冷戦をアジアに拡大した朝鮮戦争の最中に締結された。国際政治の論理との接点において、吉田路線の土台はねじれていたのである。

こうした構図のなかに位置づけてみると、中曽根の吉田批判は、右のイデオロギーからの反発というよりは、吉田の選択の不完全さに対する異議申し立てであったように思われる。大局的には中庸の道を選択したのが吉田路線ではあったとしても、中曽根にいわせれば、その土台がねじれていることが中庸路線を不完全なものに、すなわち「正常な国家」としての外交を不可能にしているのである。

右でみたように、自主防衛論と非核中級国家論をセットで唱えた中曽根の外交感覚に、吉田路線と底流で通ずる要素を見出すことが可能である。中曽根が、首相時代の末期、一九八七年八月に軽井沢セミナーで行った「民族主義と国際主義の調和を」と題する講演は、さらに示唆的である。中曽根は、自民党の政治家を前に以下のように述べた（世界平和研究所編『中曽根内閣史』［3巻――資料篇］）。

これからの日本の大事な点は、一つは右バネが跳ね上がってはならないということです。もう一つは左の過激派が跳梁してはならないということであります。これは国民の皆さん、もう異論がないでしょう。右バネがはね上がってはならぬ、左の過激派が跳梁してはならぬ、我々は中庸の道をいく。

中曽根は、その中庸の道には「国際的に受け入れられる国際的な良識」が重要であることを指摘し、さらに次のように続けた（同書）。

戦後四十年間、日本は国際社会の海の中を進んできた。しかし、だいたい中庸の道の安全航路帯を進んできたから、これだけの繁栄があったわけです。我々は今後もいまのような考えに立つ安全航路帯を進んでいかなければならない。

これは、国際政治のなかでの日本外交の選択として、大枠としては吉田路線に通じるものであるといえるだろう。中曽根はその意味で、吉田が「自由とか民主主義という価値を尊重する世界の潮流、歴史の本流」に日本を導いたことを高く評価するのである（中曽根「自立と世界外交を求めて」）。

このようにみると、中曽根による外交論を再考することの重要性も明らかになるだろう。中曽根の試みは、冷戦下の左の処方箋でもなく、右の解決策でもない、吉田路線の先にある日本外交の第三の展望を示唆していたように思えるのである。そのイメージは、本書のいうミドルパワー外交に近いものがある。

第四章

デタントから新冷戦へ

1　一九七〇年代の日中ソ関係

✝日中国交正常化

日本は、デタントから新冷戦へと国際政治構造が再び転換する一九七〇―八〇年代をとおして、米中ソによる戦略ゲームに関与することを一貫して拒絶した。後に福田赳夫首相は、それを特定の国と対抗しない「全方位外交」と呼んだ。国交正常化後の新たな対中外交も、その基本方針に沿ったものとなった。

中国にとって日本との国交正常化は、基本的に米中和解の延長線上に位置するものであった。一九七二年七月七日に田中角栄内閣が成立すると、中国政府は即座に歓迎の意を表明し、国交正常化へ向けての環境整備を急いだ。田中は九月二十五日に訪中し、二十九日に国交正常化をうたう日中共同声明に調印した。そのスピードを説明する最大の要因は、中国の戦略的考慮であった。

事実、日中国交正常化にともなう政治的問題は、ほとんど中国側が日本の立場に理解を示す形で処理された。とりわけ、中国外交の根本原則にかかわる台湾問題に関する譲歩が目立った。まず、一九五二年に日本が台湾と締結し中華民国政府の合法性を認めた日華平和条約に関しては、大平正芳外相が共同声明発表後の記者会見において、日華平和条約は「存続の意義を失い、終了したものと認められる」とする日本政府の見解を発表した。こうして、その締結当初からの不法性を主張する中国に対して、日華平和条約は締結以来日中国交正常化まで合法的であったとする日本政府の立場は貫かれた。

また、日中間の「戦争状態の終了」に関しては、すでに日華平和条約により中華民国政府との間で一度宣言しており、再び同じことを繰り返すことはできない、というのが日本政府の法的立場であった。これに対しても、中国が「不正常な状態」の終了という文言で譲歩した。「戦争賠償の請求権の放棄」に関しても、一度中華民国政府が放棄したものを再びうたうことはできないという日本政府の法的主張に対して、「請求権」の「権」の字を取り除くことで合意した。

台湾の帰属の問題に関しては、共同声明本文は、「中華人民共和国政府は、台湾が中華人民共和国の領土の不可分の一部であることを重ねて表明する。日本国政府は、この中華人民共和国の立場を十分理解し、尊重し、ポツダム宣言第八項にもとづく立場を堅持する」と述べた。ポツダム宣言第八項は、カイロ宣言が履行されるべきことを規定しており、カイロ宣言は、満州や台湾等、日本が「清国」から奪ったすべての領土を「中華民国」に返還することをうたっていた。日本政府は、台湾の帰属問題に関しては、こうした回りくどい論法によって、明確な立場表明を避けたのである。

中国政府は、こうした日本の法的議論に辛抱強くつき合い、必要な譲歩を重ねた。その代わりに中国が得たものは、日中国交正常化から生じる中国の戦略的立場の強化であった。もちろん日本との貿易の拡大による経済的利得計算もあったであろう。しかし、米中和解を演出した中国の発想は、基本的次元においてより戦略的であった。すなわち、中国からみた日中国交正常化は、米中和解を受けいれた戦略の延長線上にあった。

具体的には、後の日中平和友好条約交渉で大問題に発展する「反覇権」条項が、すでに日中共同声明に盛りこまれていたことが重要であった。それは、「両国のいずれも、アジア・太平洋地域において覇権を求めるべきではなく、このような覇権を確立しようとする他のいかなる国あるいは国の集団による試みにも反対する」と述べていた。

中国にとって「反覇権」の対象がソ連であったことは、疑いの余地のないことであった。しかし、日本政府は、その「反覇権」条項をみてみぬ振りをした。当局者の回想によれば、それは上海コミュニケにもある条項であり、「中国の譲歩に対する交換材料として」受けいれたという。本来であれば、米中和解の集大成である上海コミュニケがうたったものであるからこそ、その国際政治的意味は大きかったはずである。しかし、日本外交に、その種の大国間権力政治の論理を受けいれる素地はなかった。

そもそも政府を含めた日本社会は、独自の論理で日中国交正常化を歓迎した。自民党政府にとっては、それまでの国内政治を二分させてきた外交問題にけりがついたことが重要であった。また、日本外交の観点からは、対米関係と対中関係がついに両立したことが大きかった（緒方『戦後日中・米中関係』）。国民世論では、根強い親中国感情に火がついて、「中国ブーム」が起きた。

†中ソ等距離外交

日中共同声明をとりまとめた田中角栄首相は、「次はソ連だ」とつぶやきながら中国から帰国した。そして、一九七三年十月にモスクワを訪れ、「未解決の諸問題を解決して平和条約を締結する」ことをうたった共同声明に署名した。「未解決の諸問題」とは、もっぱら北方領土問題を指すというのが日本側の理解であった。田中・ブレジネフ会談に同席していた外交官の回想によれば、ブレジネフ書記長もそのことを認めた。後にソ連側はそれを否定するようになるが、当時、少なくとも日本側がそう理解することをソ連が受けいれていたことは間違いないだろう。事実、ソ連のブレジネフ書記長は、田中が北京から帰国したばかりの一九七二年十月に、田中に親書を送り日ソ関係の打開を働きかけた。それは、ソ連が、日中国交正常化をなしとげた日本に対して、「小三角」の戦略ゲームをしかけたことを意味していた。田中の動きにも、「小三角」の論理に突き動かされた要素がなきにしもあらずであった。しかし、その対ソ外交が、日中ソ関係が「小三角」である所以を考え抜いたものであったかといえば、そうではなかった。そこにあったのは、日中関係と日ソ関係(そして日米関係)を両立させようとする、等距離外交の発想であった。それは、大国間権力政治の舞台から降りた戦後日本外交の体質そのものであった。

そのことは、日中平和友好条約の交渉過程でも露呈された。一九七四年十一月に予備交渉が始まった日中平和友好条約交渉の最大の争点は、国交正常化の際には日本がみてみぬ振りをした「反覇権」条項であった。中国のソ連に向けられた「反覇権」外交は、一九七五年に改定された中国憲法に書きこまれるほど、中国外交の大原則となっていた。中ソ対立で中国に加担しているようにみられることを嫌った日本の強い抵抗で、日中交渉の焦点は、「反覇権」条項の反ソ性を薄める「第三国条項」をめぐるものとなった。

結局日中両国は、「アジア・太平洋地域においても又は他のいずれの地域においても覇権を求めるべきではなく、また、このような覇権を確立しようとする他のいかなる国または国の集団による試みにも反対する」ことを第二条でうたい、第四条で、「この条約は、第三国との関係に関する各締約国の立場に影響を及ぼすものではない」とする「第三国条項」に合意することで、一九七八年八月に日中平和友好条約に調印した。中国は対ソ戦略上の「実」をとり、日本は中ソ対立には関与しないとする「名」をとった形となった。

しかし、日本の解釈とは対照的に、中国とソ連はもちろん、当時対ソ対決の論理から米中国交正常化交渉を進めていたアメリカも、「反覇権」条項を含む日中平和友好条約を、対ソ戦略上の産物として受けとめた。当時の米中ソ戦略関係の論理からすれば、そうした理解の方が自然であった。

こうして、米中ソ関係が戦略ゲームを繰り広げるなかで、日本は吉田路線を前提とする独自の外交を展開した。しかし同時に、大国間権力政治から遊離する日本外交には、別の局面で重要な変化が生じつつあった。それは、「福田ドクトリン」に示される新たな東南アジア外交であった。

2 東南アジア外交の新展開

†福田ドクトリン

前述の日中平和友好条約交渉で、中国による反覇権外交の論理に与しないように、当時の福田赳夫首相が唱えたものが「全方位外交」であった。それは、日中国交正常化以降の展開で大国間権力政治に関与できない日本外交の体質から捻りだされたものであり、必ずしも体系化された外交戦略ではなかった。

ただ、同時期の東南アジア外交の場合にはやや事情が異なった。当時の東南アジアにおける国際政治の最大の特徴は、米中和解と米ソ・デタントにともないヴェトナム戦争が終結し、大国間権力政治が後退したことであった。長年冷戦構造ゆえにアジアにおいて独自の外交が展開できないことを歯痒く思っていた日本政府は、ヴェトナム戦争が終結しないうちから北ヴェトナムとの国交正常化に動く（一九七三年九月国交樹立）など、ニクソン政権の政策転換に敏感に反応した。一九七四年一月には、田中首相が東南アジア諸国を歴訪した。
しかしこのとき、田中はバンコクとジャカルタで大規模な反日暴動にみまわれ、日本政府に少なからぬショックを与えた。そこで日本政府は、対東南アジア政策の根本的みなおしに取りくんだ。その到達点が、一九七七年八月にマニラで福田赳夫首相が表明した東南アジア政策、すなわち福田ドクトリンであった。福田は、日本は軍事大国にならない、広範な分野で心と心の触れ合う相互信頼関係を築くという二点に続き、次のように述べた。

日本は「対等の協力者」の立場から、ＡＳＥＡＮ加盟国の連帯と強靭性強化の自主的努力に対して積極的に協力し、また、インドシナ諸国との間には相互理解に基づく関係の醸成を図り、もって東南アジア全域の平和と繁栄の構築に寄与する。

この三点目こそ、「ポスト・ヴェトナム」の東南アジアに対する日本外交の核心であった。それは、対等な立場からＡＳＥＡＮ諸国およびインドシナ諸国と協力し、両者を包摂した東南アジア全体の地域秩序の安定に寄与しようとする政策体系の表明であり、以後、冷戦後にかけて日本の東南アジア外交の指針となった。
福田ドクトリンの特徴は、大国間権力政治が地域秩序から後退した時期の、非軍事的手段による政治的イニシアティヴであるところにあった。そして、その後日本の東南アジア経済支援は、ASEAN諸国とインドシナ諸国の相互依存を深めることをひとつの大きな目標として推進されるようになる。

当時東南アジアでは、日本を域外大国として中国やアメリカと同列におく視点が優勢であり、多くの国は、日本が「対等の協力者」であるとの表現を単なる政治的スローガンとして受けとめた。しかし、日本側からのメッセージとして、それは戦後日本外交の本質を押さえていた。アジアへの大国外交はそもそも機能しないのであり、対等という目線がアジア外交の基点とならざるを得ないのである。それは、スローガンとしてではなく、外交概念として、日本のアジア外交の核心を突いていた。

こうした、大国外交には意識的に禁欲的になり、可能な手段で地域秩序に働きかけようとする東南アジア政策は、日本外交の新しい方向性を示していたのである。とりわけ、東南アジアとの対等な目線は、本書のいうミドルパワー外交の重要な要素であった。

†インドシナ情勢の流動化と福田ドクトリンの挫折

したがって、一九七〇年代終盤に、ソ越友好協力条約（一九七八年十一月）、ヴェトナムのカンボジア侵攻（一九七八年十二月）、米中国交正常化（一九七九年一月）、中国のヴェトナム侵攻（一九七九年二月）という事態が連なり、インドシナ情勢が新たな大国間対立を背景に大きく流動化すると、福田ドクトリンは頓挫せざるを得なかった。一九七〇年代後半の国際政治情勢の流動化をもたらしたのは、またしても米中ソ戦略関係の転換であった。

ニクソン＝キッシンジャー流のデタント政策は、アメリカ国内の右派の反発を招いた。彼らには、対ソ外交において中心的利益と周辺的利益を区別し、伝統的大国間関係を築こうとするニクソン＝キッシンジャー外交は、正しいものにも思えなかったし、ソ連を甘やかすものに他ならなかった。確かに、たとえば一九七五年に独立したアンゴラの内戦にキューバ兵を送り込むソ連の介入は、キッシンジャーにとっても周辺的利益であるといいきることは困難であり、右派からすれば、ソ連の拡張主義以外の何物でもなかった。

こうしてアメリカ国内でデタント外交が後退していくなかで、一九七七年一月に誕生したカーター政権は、ブレジンスキー安全保障問題担当大統領補佐官の強い意向の下、ソ連との対決の論理を前面にすえて中国との国交正常化をなしとげた。ここに、ソ連を共通の敵とする米中の戦略的提携が成立した。

その米中戦略的提携によって疎外されたのが、ソ連とヴェトナムであった。ヴェトナムは、一九七六年に念願の国家統一をなしとげると、ＡＳＥＡＮ諸国のみならず日本や西側諸国との関係構築に乗りだした。そして、カーター政権と国交正常化交渉も開始した。しかし、当初はブレジンスキーの反ソ外交とヴァンス国務長官の中ソ等距離外交とを競い合わせていたカーター大統領は、一九七八年五月のブレジンスキー訪中を転機としてブレジンスキー路線に傾いた。そして、十月になってヴェトナムとの国交正常化交渉の棚上げを決めた。カーター政権は、米中国交正常化を優先し、ヴェトナムとの対立を深める中国に配慮したのである（緒方『戦後日中・米中関係』）。

そのとき、ヴェトナム戦争終結以降対立を深める中越関係は、中国の対越援助全面停止（一九七八年七月）という戦後最悪の事態に陥っていた。また、一九七五年に政権をとったカンボジアのポル・ポト派はヴェトナムとの対決姿勢を強め、一九七七年十二月には国交を断絶した。ポル・ポト政権の最大の後ろ盾は、中国であった。

米中国交正常化によって西側諸国との関係改善の道が閉ざされたヴェトナム政府は、一九七八年六月にソ連陣営の相互援助機構であるコメコンに加入し、十一月にはソ越友好協力条約を結んで、同じく米中国交正常化の標的とされたソ連と接近した。そして、ポル・ポト政権に業を煮やしたヴェトナムは、同年十二月にカンボジアへ軍事侵攻し、一九七九年一月には、ポル・ポト政権をプノンペンから追放しヘン・サムリン政権を樹立した。

一九七九年一月に米中国交正常化を祝福してアメリカを訪れた鄧小平は、ヴェトナムに「教訓を与える」ことにカーター政権の道義的支持を要請し、二月にヴェトナムへの軍事侵攻を行った。米中国交正常化以降、事実上西側の一員とみなされるようになった中国への国際的非難は起こらず、国際社会の制裁の対象となったのは、ソ連とヴェトナムであった。

米中国交正常化を契機に国際社会からの疎外感を深めたソ連は、一九七九年十二月にアフガニスタンへ軍事侵攻した。それに対して、アメリカを中心とする西側諸国は、翌年のモスクワ・オリンピックのボイコット等対ソ制裁を強化し、ここにデタントは完全に崩壊した。

こうして、国際政治が新冷戦と呼ばれる米ソ対立の時代に逆戻りし、新たな米中ソ関係の下インドシナ情勢が流動化すると、福田ドクトリンは頓挫せざるを得なかった。それは、福田ドクトリンが、大国間権力政治には関与できないミドルパワー外交の産物であったことを示していた。

3 防衛政策の体系化

†拒否能力としての基盤的防衛力

以上のとおり、大国間権力政治が後退した一九七〇年代に、日本の実質的ミドルパワー外交が姿を現したことは偶然ではなかった。同じ時期に、日本の自衛力と日米安保関係を有機的に関連づける防衛政策の体系化が進んだことも、デタントを背景とした重要な展開であった。

田中角栄首相の辞任を受けて一九七四年十二月に発足した三木武夫内閣の防衛庁長官に就任した坂田道太は、防衛問題に関する国民のコンセンサスの重要性を痛感した。坂田は、就任早々、京都大学教授の高坂正堯や野村総合研究所所長の佐伯喜一等を知恵袋とする民間有識者による「防衛を考える会」を設置し、提言を求めた。考える会は、一九七五年四月から六回の会合をもち、九月に『わが国の防衛を考える』と題する報告書を提出した。報告書の主要な執筆者であった高坂は、報告書に寄せた「わが国の防衛力の目的」と題する一文で、自衛隊の機能を「防止力（あるいは拒否能力）」として定義した。それは、「具体的には、①奇襲攻撃による既成事実を作らせないようにすること、および、②相手が相当大規模な兵力を動員しない限り、当方の防衛努力を制圧できないようにすることであり、したがって、いかなる攻撃をも阻止できるという大きなものである必要はない」というものであった。それは、日本の防衛力を軍事的合理性から考えるのではなく、安定した国際環境の確保を安全保障上の目的として規定し、そうした政治的観点から防衛力を意義づけようとする試みであった。

「防衛を考える会」の提言は、しばらく防衛政策の策定から外れていた久保卓也が、会の討議が始まった直後の一九七五年七月に防衛庁事務次官として復活したことにも大きな影響を受けた。久保は、一九七四年六月に「我が国の防衛構想と防衛力整備の考え方」と題する個人論文をしたためていた。その論文で久保は、軍事中心の防衛力の考え方を排し、広い安全保障の見地から位置づけることの重要性を論じた。久保は、高坂が後に防止力や拒否能力として概念化した防衛力を、「基盤的防衛力」と呼んだ（田中『安全保障』）。

†「防衛計画の大綱」

その考え方は、坂田防衛庁長官の全面的な支持を得た。同時に坂田は、国防会議の所管事項であったにもかかわらず長年手つかずになっていた「防衛計画の大綱」の策定を推進した。それは、「四次防」までの五年毎の防衛力整備計画に替わって、今後十年程度の目標を定めようとするものであった。

一九七六年十月二十九日の国防会議で決定された「防衛計画の大綱」は、日本が保有すべき防衛力を、「平時において十分な警戒態勢をとり得るとともに、限定的かつ小規模な侵略までの事態に有効に対処し得るものを目標とすることが最も適当」と規定した。「大綱」の決定と併せて、十一月五日の国防会議は、「当面、各年度の防衛関係経費の総額が当該年度の国民総生産の百分の一に相当する額を超えないことをめど」とするという、「GNP一%」枠を設定した。

こうして、戦後日本の防衛政策の重要な大枠がはじめて形成されることとなった。この一連の展開は、そもそも脅威対処型の「所要防衛力」の考え方に傾斜し、中曽根の自主防衛論にも同情的であった制服組の抵抗を受けた。そのため、「大綱」は、当時のデタント情勢を前提として、情勢に「重要な変化が生じ」た場合には、「新たな防衛力の態勢」へと「円滑に移行し得る」という論理を組みこんでいた。しかしこれは、政治対立の産物であり、「大綱」の真意ではなかった。

また、同様の対立を反映して、「大綱」にはもうひとつの自主防衛論の残滓が認められた。具体的には、侵略事態が発生した場合に、「限定的かつ小規模な侵略については、原則として独力で排除することとし、侵略の規模、様態等により、独力での排除が困難な場合にも、あらゆる方法による強靭な抵抗を継続し、米国からの協力をまってこれを排除する」（傍点は筆者）としたことに、それが表れていた。

しかし、「大綱」の論理としてより重要であったのは、日本の基盤的防衛力構想が、日米安保体制との有機的な関係においてはじめて、日本の総合的な安全保障政策としての意味をもち得ることであった。「限定的かつ小規模な侵略」を超える事態に対しては「米国からの協力」を待つとしたことと併せて、「大綱」は、「大国間の均衡的関係及び日米安全保障体制の存在が国際関係の安定維持及びわが国に対する本格的侵略の防止に大きな役割を果たし続ける」と論じていた。

†日米ガイドライン

したがって、「大綱」の策定と並行して、「日米防衛協力のための指針（ガイドライン）」が生まれたことは、極めて自然であった。坂田防衛庁長官は、中曽根防衛庁長官時代に一度刊行されて後が続かなかった『防衛白書』の第二回目の刊行（一九七六年）によせて、これまで有事の際の日米間防衛協力や作戦協力について協議されてこなかったことは、

「全く意外であり、驚きであった」と述べている。民間有識者による「防衛を考える会」の議論が峠を越えたころの一九七五年八月、三木首相とフォード大統領との首脳会談（ワシントン）、および坂田防衛庁長官とシュレジンジャー国防長官との会談（東京）で、日米防衛協力を推進するため、安全保障協議委員会の枠内で新しい協議の場を設けることで合意が成立した。

一九七六年八月に日米防衛協力小委員会の第一回会合が開かれ、その後二年にわたる八回の会合を経て、福田赳夫内閣（一九七六年十二月成立）とカーター政権（一九七七年一月成立）の下、一九七八年十一月に「日米防衛協力のための指針」、通称「ガイドライン」がまとめられた。そして、翌月、日米間の安全保障協議委員会で正式決定され、日本の国防会議および閣議で了承された。

「ガイドライン」は、第一項「侵略を未然に防止するための態勢」、第二項「日本に対する武力攻撃に際しての対処行動等」、第三項「日本以外の極東における事態で日本の安全に重要な影響を与える場合の日米間の協力」からなっていた。とりわけ、第二項は、「自衛隊は主として日本の領海及びその周辺海空域において防衛作戦を行い、米軍は自衛隊の行う作戦を支援する。米軍は、また、自衛隊の能力の及ばない機能を補完するための作戦を実施する」と、日米の役割分担を明記した。日本防衛のための日米防衛協力の具体的姿が、戦後はじめて明示的に浮かびあがったものであった。

第三項は、アメリカ側の関心の強い領域ではあったが、内外の政治情勢からいっても、「大綱」の論理からしても、当時日本が何らかの対米軍事協力を明文化することは不可能であった。その具体的取り決めは、ほぼ二十年後の一九九六年の「ガイドライン」改定を待つこととなった。

第三項をめぐる日米間のギャップが象徴していたように、「ガイドライン」の作成は、憲法上の制約を抱える日本側にとって、「大綱」の論理的帰結であったとはいえ政治的に極めて困難な試みであった。そこには、日本にできることとできないことが明らかになればなるほど、日米安保体制の限界が浮き彫りになるというジレンマがあった。それは、日本の「安保ただ乗り」に対する批判の温床でもあった。

しかしながら、戦後の制約の下での日米間の実効性のある安全保障協力に関する実質的協議がまとまったことは、戦後日本外交史上、画期的であった。「大綱」と「ガイドライン」を同時並行的に策定した過程は、日米安保体制の意味を、日本外交の基軸として日本の論理で確定しようとする作業であった。その一連の試みは、デタント崩壊後一九八〇年代の日本外交を準備し、さらには冷戦終焉後一九九〇年代の日本外交の重要な基盤となった。

4　大平正芳から中曽根康弘へ

†環太平洋連帯構想

一九七〇年代終盤から一九八〇年代にかけて、日本の外交は、日米安保体制で足元を固めたうえで、総合的かつ多国間のアプローチを重視する方向へと発展していった。その礎を築いたのは、一九七八年十二月に福田赳夫に替わって政権を担った大平正芳であった。一九七八年十二月七日に大平内閣が発足してわずか一週間後の十二月十五日には、ソ連に敵対する論理を前面にすえた米中国交正常化の合意が成立した（正常化は一九七九年一月一日）。追いつめられたソ連は、一九七九年十二月にアフガニスタンに軍事侵攻し、米ソ関係は新冷戦へと後戻りした。

そうした最中、大平は、日本の「西側の一員」としての立場を一層明確にした。一九七九年五月の訪米の際には、日米両国は「同盟国であるアメリカ合衆国との緊密で実り豊かなパートナーシップを通じて……重大な任務を共有している」と語り、日本の首相として戦後初めてアメリカを「同盟国」と呼んだ。さらに、ソ連のアフガニスタン侵攻後一九八〇年一月の施政方針演説で、「たとえわが国にとって犠牲を伴うものであっても」日米協調を貫く姿勢を強調した。その後、ソ連のアフガニスタン侵攻への対抗措置として、モスクワ・オリンピックをボイコットするというアメリカの方針にも同調した。

その一方で大平は、政権につくや否や、九つの研究グループのひとつとして「環太平洋連帯研究グループ」を設置し、環太平洋連帯構想を積極的に推進した。研究グループの議長には、池田勇人が推進した「国民所得倍増計画」の策定にも携わった大来佐武郎が迎えられた。大平は、一九七九年十一月に大来を外務大臣に起用し、構想の推進にかける強い意気ごみを示した。

大来は、かねてより小島清一橋大学教授等とともに、オーストラリア国立大学のピーター・ドライスデール等との知的連帯を図り、アジア太平洋協力のための日豪協力を推進してきた。こうした背景から、大平首相は、一九八〇年一月にオーストラリアとニュージーランドを訪問した。そして、オーストラリアのフレーザー首相との間で、環太平洋連帯構想をさらに掘り下げて検討することで合意した。

その合意にもとづいて、同年九月に、後の太平洋経済協力会議（ＰＥＣＣ）の母体となる太平洋共同セミナーが、キャンベラのオーストラリア国立大学で開催された。その前に大平は、五月に内閣不信任案が可決された後の六月十二日、心筋梗塞により帰らぬ人となった。しかし大平が蒔いた種は、ほぼ十年後の一九八九年十一月、キャンベラで開催された第一回アジア太平洋経済協力（APEC）閣僚会議となって花開いた。

PECCやAPECは、日本とオーストラリアの共同イニシアティヴの産物であった。一九八九年一月にAPEC閣僚会議を公式に提案したのは、オーストラリアのホーク首相であった。しかしそれは、日本政府との共同シナリオにもとづくものであり、日本は自覚して黒子役に徹した（船橋『アジア太平洋フュージョン』）。提案後、ASEAN諸国の説得にあたったのも、日本の通産省とオーストラリアの外務貿易省であった。環太平洋連帯構想を推進するために日豪協力を推し進めた日本外交は、実質的なミドルパワー外交であった。

†総合安全保障

大平は、環太平洋連帯構想と並行して、総合安全保障政策の策定に取り組んだ。総合安全保障政策は、「大綱」・「ガイドライン」が取り組んだ防衛政策を包摂する論理構成をもっていた。日本の自助努力と日米安保体制を組み合わせた狭義の安全保障政策を、相互依存世界のなかでの総合的対応のなかに位置づけ、意義づけたのである。

大平は、一九七八年十一月の自民党総裁公選にのぞむにあたって、基本政策のひとつとして総合安全保障戦略を提起し、予備選挙で圧勝した翌日の十一月二十七日付「政策要綱資料」で、「日米安保条約と節度ある質の高い自衛力の組合わせ」を補完するものとして、「経済・教育・文化等各般にわたる内政の充実をはかるとともに、経済協力、文化外交等必要な外交努力を強化して、総合的に我が国の安全をはかろうとする」総合安全保障体制を整えることを唱えた。

大平は、政権につくと、右でみた「環太平洋連帯研究グループ」に加えて「総合安全保障研究グループ」を組織し、総合安全保障政策の体系化を進めた。その議長には、京都大学教授、防衛大学校校長を経て、当時、財団法人平和・安全保障研究所理事長であった猪木正道が就任し、京都大学教授の高坂正堯が実質的に報告書の取りまとめにあたった。ちなみに、すでに一九六〇年代に、吉田茂の選択に戦後日本の生き方の叡智を見出していた高坂が、「防衛計画の大綱」から総合安全保障論へと通じる戦後日本外交の道筋をつける上で果たした役割には、極めて大きいものがあった。

同研究グループは、一九七九年四月から検討を始め、一九八〇年七月に『総合安全保障戦略』と題する報告書をまとめた。報告書は、「軍事的な安全保障についても、政治・外交面においても、また、経済面においても、アメリカがほぼ単独で維持するシステムに依存していればよかった時代は終わり、日本は自由陣営の有力な一員として、システムの維持・運営に貢献しなくてはならなくなった」との判断を示した。日本の安全保障への総合的アプローチを、自由主義陣営に立つ視点から国際システムの有機的な一部として位置づけたのである。

その上で報告書は、総合安全保障を「狭義の安全保障政策」と「経済的安全保障政策」に分類し、さらにそれぞれを三つのレベルに分けた。すなわち、「国際環境を全体的に好ましいものにする努力」、「自助努力」、そしてその中間にあって「理念や利益を同じくする国々との連携」にもとづく努力である。その上で報告書は、日米関係、自衛力の強化、対中・対ソ関係、エネルギー安全保障、食糧安全保障、大規模地震対策（危機管理体制）を、総合安全保障という体系のなかに位置づけて論じた。

総合安全保障のアプローチに対しては、軍事的側面への関与を回避するためのカモフラージュではないかという根強い懐疑論が向けられた。事実、石油危機により経済安全保障への観点が強まるなかで、日本国内にそのような認識がないわけではなかった。たとえば、一九七六年に自民党から分かれて結成された新自由クラブは、「総合的な安全保障」を基本的理念に掲げたが、それは、「わが国の安全保障は、今後、軍事的側面に偏することなく、日米安保体制も含めて、総合的すなわち、経済安全保障（資源安全保障・食糧安全保障・エネルギー安全保障）の観点から抜本的な再編成が求められている」としていた。

確かに、当時の日本社会においては、一般的に、このような軍事的側面への「偏向」を嫌い、経済的側面に力点をおこうとする発想は強かった。しかしながら、「大綱」・「ガイドライン」の試み、および総合安全保障論に共通していたことは、軍事的側面を全般的安全保障政策の枠組みのなかに位置づけようとする発想であり、そこに軍事的役割を軽視する発想があったわけではなかった。

こうしたなか、当初は所要防衛力の発想から自主防衛論を唱えた中曽根が、「大綱」・「ガイドライン」から総合安全保障論へと傾斜し始めたことは、大変興味深い。中曽根は、一九七八年の『正論』九月号に「わが総合的安全保障論」を発表し、日本の安全保障は「外交努力や経済協力や世界の世論工作や資源政策その他の総合的な組み合わせで成り立つ」と主張し、自衛隊による防衛は「その総合的に組み合わせられた安全保障政策のごく一部」であると論じたのである。

†中曽根外交

大平の急死を受けて後継となったのは、鈴木善幸であった。一九八〇年七月に首相に就任した鈴木は、翌年五月の訪米時に日米「同盟」関係に「軍事的意味合い」はないと発言し、伊東正義外務大臣が辞任するという騒動を引きおこした。

その後一九八二年十一月に中曽根が念願の首相の座を射止めると、レーガン大統領との間で日米同盟を立てなおした。首相時代の中曽根の対米外交は、国際国家日本として、外交の舞台をグローバルな国際政治の場に求めることで、対等な日米協力関係を打ちたてることを主眼としていた。

同時に中曽根は、アジア諸国との関係の構築にも熱心だった。その第一歩は、一九八一年八月に韓国が日本に対して六十億ドルの経済協力を要求して以来袋小路に陥り、一九八二年八月の教科書問題で一層険悪な事態に陥っていた日韓関係を修復することであった。中曽根は、首相に就任するや初閣議後に瀬島龍三を私邸におよび、対韓関係打開のための秘密交渉を依頼した。そして、一九八三年一月十一日に韓国を訪れる決定を、一月五日に電撃的に発表した。中曽根はその一年前から韓国語を勉強し、ソウルの晩餐会でのスピーチの最初と最後、全体の三分の一を韓国語で行った。それは、中曽根のいう「手作り外交」であった（中曽根『政治と人生』）。

日本の対韓援助問題に関しては、七年間四十億ドルの経済協力で合意に達した。また、日韓共同声明は、自由と民主主義の価値の共有をうたうとともに、中曽根首相が「韓国政府の防衛努力が、……朝鮮半島の平和維持に寄与していることを高く評価した」とする条項を含んでいた。それは、中曽根の自由民主主義的価値観と、冷戦下の安全保障への現実主義の融合が生みだしたものであった。

中曽根が訪米して、レーガン大統領と「ロン・ヤス関係」を築いたのは、訪韓の一週間後であった。中曽根は、アメリカに対して例外的に武器技術供与に踏みきる決断を下すことで、武器技術供与や「同盟」論議をめぐって鈴木内閣当時からギクシャクしていた対米関係も再生させた。

韓国とアメリカに続いて、中曽根は、一九八三年四月三十日から五月十日にかけて、東南アジア六カ国（インドネシア、タイ、シンガポール、マレーシア、フィリピン、ブルネイ）を歴訪した。その際中曽根は、五月九日のクアラルンプールでの「未来を開くアジア」と題するスピーチで、「協同主義経済協力」の発想に立つ経済協力のあり方を明らかにした。

中曽根は、農村・農業、エネルギー、人づくり、中小企業の分野に重点をおく経済協力の基本方針を確認した上で、より幅広い交流のための新しい領域として、産業技術の移転、科学技術面での協力、人的交流の三つをあげた。いずれも、民間レベルでの人の相互交流を伴うものであった。中曽根は、次世代を担う人々の交流を「二十一世紀のための友情計画」と名づけ、「私が青年時代から抱いてきた〝未来を開くアジア〟という夢の実現への一歩であります」と語った。

次に中曽根は、一九八四年三月に中国を訪問した。大平が始めた対中政府開発援助（ODA）を拡充し、七年間総額四千七百億円の新規円借款の用意があることを表明し、日中友好二十一世紀委員会の設置を提案した。訪中前には中国語も学習し、ここでも手作りの外交を行った。

前年四月以降四回にわたる靖国神社参拝の影響はなかった。中曽根の北京大学での「二十一世紀をめざして」と題する講演は、テレビで生中継された。日中首脳会談で、趙紫陽首相は、「日本の防衛政策は理解している。決して心配していない。中曽根内閣が軍国主義の政策をとっているとは決して考えていない」と発言した。中曽根は、前年訪日し、三千名の日本の青年を中国に招待する計画を発表した胡耀邦総書記との友情も確立した。

その後中曽根は、胡耀邦とは家族ぐるみの交流を深めた。そして、胡耀邦とは「同志」になったと回顧する。首相就任後も靖国神社への参拝を続けていた中曽根は、首相として十回目となる一九八五年八月十五日の参拝を、はじめて「公式参拝」とした。すると、中国が、これも戦後はじめて日本の首相の靖国参拝にかみついた。中国では官製の反日運動が動員され、中曽根は、現職の首相、官房長官、外務大臣は参拝しないとする「紳士協定」で中国と手をうった。中曽根は、それは、「親日」とのレッテルを張られかねない胡耀邦を助けるためであったと回想する。

対日外交に歴史問題をもちこんだ中国の意図は、より戦略的であった。一九八二年に突如提起された教科書問題がそのはしりであった。当時中国は、一九七〇年代終盤に実権を握った鄧小平の主導で、大胆な改革開放路線に踏みだしていた。やがてそれが、中国社会の多元化を促し、中国共産党の正当性にも影響を与えることは、十分に予想されることであった。そこで、改革開放路線と表裏一体の戦略として、アヘン戦争以来の「屈辱の百年」の歴史が強調されることとなったのである。

中曽根が、こうしてはじまった日中間の「歴史問題」にやや落ち着いた対応をすることができたのは、日本のアジア侵略の歴史に関して国際的および世界史的に通用する認識をもっていたからであった。中曽根の思想には、アジアでの戦争を侵略と認め、未来のアジアの共生、一種の共同体を志向する発想と、アジア主義を国際主義と融合させようとする感性があった。事実中曽根は、冷戦後の東アジア統合の気運を高く評価し、日中韓協力の重要性を唱え続けている。

第五章

冷戦後の日本外交

1 冷戦の終焉と米中関係

†中国の自己主張

一九八九年十一月にベルリンの壁が崩壊し、十二月のマルタ会談で米ソ両首脳が冷戦の終結を確認したことで、世界はポスト冷戦期に入った。

冷戦の終焉とときを同じくして、中国では一九八九年年六月四日に天安門事件が起きた。その直前の五月に、中ソ和解の仕上げにソ連のゴルバチョフ・ソ連共産党書記長が訪中した。中国の学生や市民は、歴史的な中ソ和解を報道する世界各国のメディアへのアピールを狙って、民主化要求運動をいっそう拡大させた。それを、ゴルバチョフ帰国後まもなく中国政府が武力弾圧したのである。それは、各国メディアによって生々しい映像として世界中に配信され、鄧小平の改革開放路線への期待感に支えられた国際社会の中国に対するロマンチシズムは打ちくだかれ、主要先進国は中国に対する制裁に動いた。天安門事件は、冷戦終焉の原動力でもあり、かつ冷戦後の世界を突き動かす民主主義の潮流から、中国も自由ではないことを劇的に示すこととなった。

中国は、天安門事件の後遺症から立ちなおるなかで、新たな自己主張を始めた。たとえば、一九九一年に米軍がフィリピンからの全面撤退を始めると、中国はそれを待ち構えていたかのように、一九九二年二月に南シナ海全域と尖閣諸島を含めた東シナ海一帯を自国領とする領海法を採択した。中国がロシアからSU-27戦闘機の購入を決め、ウクライナから空母を購入しようとしていることが頻繁に報道されたのも一九九二年であった（結局中国は未完成の艦体を一九九八年に購入し、中国初の空母「遼寧」が二〇一二年九月に就役した）。

一九九三年一月に誕生したクリントン政権は、アジア太平洋政策のみなおしに取りくんだ。その試みは、ジョセフ・ナイ国防次官補を中心として作成され、一九九五年二月に公表された「東アジア・太平洋地域に対するアメリカの安全保障戦略」（通称「ナイ・レポート」）に結実した。それは、中国の軍事費増大、海軍力の増強、核実験、軍近代化路線の長期的目的の不透明性、南沙諸島の領有権問題等に率直に言及しながら、二国間安全保障関係を中核とする「ハブ・アンド・スポークス」戦略を確認し、中国に対する全面的な関与政策の重要性を強調した。

そうしたなか、台湾問題が新たな展開を示した。一九七九年一月の米中国交正常化で国際社会からの孤立を深めた台湾は、国民党の中華民国こそ中国の正統政権であるという長年の虚構を支えきれなくなっていた。そこで、蔣介石亡き後、蔣経国から李登輝へと続く一九八〇年代の新たな流れから生じたのが、「台湾化」のプロセスであった。国民党政府が中国本土までおよぶ正統性を唱えないかわりに、台湾は独自の存在であることを主張するようになるのである。「台湾化」は、冷戦終焉後の世界的な民主主義化の潮流のなかで、台湾政治の民主化と表裏一体の現象として進行した。中国は、その一連の変化を、「台独（台湾独立）」の動きとして警戒した。

一九九〇年代に台湾問題が過熱化する重要な契機は、クリントン政権が、議会の圧力に抗しきれずに一九九五年六月の李登輝総統の訪米を認めたことであった。それに対して中国は、七月から十一月にかけて、一連の軍事演習で対抗した。こうして高まった台湾危機は、一九九六年に入って一層緊迫した。台湾初の総統直接選挙が三月二十三日に実施されると、中国は、選挙前に台湾沖へ向けて地対地ミサイル発射実験を行い、選挙日をはさんで十八日間におよぶ大規模な軍事演習を展開したのである。それに対してアメリカは、二隻の空母を派遣し、中国に対して台湾問題の解決に軍事力の使用を認めないとする政治的シグナルを送った。

総じて冷戦の終焉は、アヘン戦争以来の歴史に深く根ざした中国の被害者意識を改めて呼び覚ますこととなった。それが、一九九〇年代の中国の自己主張を根底で規定していた要因であったといってよいだろう。以下でみるように、そうした深層心理が作用し、中国は、一九九〇年代の日本の安全保障政策に起きた変化を、疑念と懸念の眼でみるようになる。とりわけ、台湾危機と並行して進行した日米安保関係の「再確認」に対して、中国の台頭と台湾問題に向けられたものであるとの疑念を深めたのである。

†米中「新型の大国関係」

中国は台湾危機が収束すると対米関係の修復に動き、江沢民国家主席が一九九七年十月に訪米した。ワシントン入りする途中にハワイのパール・ハーバーに立ち寄るなど、日本への対応は依然として辛辣であったものの、アメリカとは「戦略的パートナーシップ」をうたいあげる演出に力を注いだ。クリントン政権もそれに応え、翌九八年六月に訪中したクリントン大統領は、①台湾独立②「二つの中国」③台湾の国際機関加盟に反対するという、台湾問題に関する「三つのノー」を中国に約束し、台湾問題をめぐる米中対立の収束を図った。

台湾危機を経て、米中両国は「同床異夢」の戦略的共存を確認したといえるだろう。「同床」とは、当面のアメリカ優位の国際秩序である。中国は、長期的にはアメリカ優位システムへの違和感と抵抗の意思を捨てたわけではないものの、当面はアメリカとの共存を図ることを基本方針にすえたのである。

同様にアメリカも、中国に対する関与政策を当面の基調とした。その後、二〇〇一年にブッシュ(Jr.)政権が発足すると、アメリカの力によって普遍的価値の推進を図ろうとする「ネオコン」外交が展開され、中国は「戦略的競争相手」と定義された。それは中国の自己主張に対する牽制と抑止を重視するものではあったが、だからといって関与政策が放棄されたわけではなかった。対中関与も牽制も、いずれも中国が戦後の「自由で開かれた国際秩序」に完全になじんでおらず、ときに挑戦的であることを前提としており、相互に排他的であるというよりは表裏一体の対中政策としてとらえるべきだろう。

こうして冷戦後の米中関係は、長期的には異なる戦略的ベクトルが衝突する構造を抱えながら、当面は「同床異夢の戦略的共存」を模索するものとなった。そこには対立と協力の誘因がともに作用しており、結局のところ米中両国は、対立を重視するあまり協力を放棄したり、協力のために対立要因を軽視することのない、相互に複合的な外交を展開する関係となった。

それは、二〇一二年以降の習近平体制がアメリカとの「新型の大国関係」を積極的に語るようになっても変わらなかった。というより「新型の大国関係」という発想自体が、対立と協力の両面を総合的に組み込んだ戦略的概念に他ならなかった。そこで中国は、西太平洋以東やグローバルにはアメリカとの共存を注意深く探りながらも、アジアでは力をつけた自国を軸とした秩序の再編を目指すようになった。二〇一三年六月に訪米した習近平国家主席が「核心的利益」の相互尊重をオバマ大統領に求めたことは、共存の意思表明であると同時に、アメリカのアジアへの介入を牽制するものでもあったのである。

中国の南シナ海の島々や尖閣諸島に対する貪欲な領土欲は、単なる拡張主義というよりは、そうした長期的で戦略的な思惑を反映したものと考えるべきだろう。それは、日本を含めたアジア諸国に、同様に長期的視点にたった戦略的対応を要請している。それは、日米安保関係を基盤として、アジア諸国間の協力ネットワーク構築を中核的な課題とし、広く国際社会の共感をよびおこすものでなければならない。

そうした総合的対応こそ、本書が唱えるミドルパワー外交なのであるが、この点は後に検討することとし、その前に冷戦後一九九〇年代の日本外交の変遷をたどってみよう。冷戦後の新たな国際政治環境のもとで、日本外交に最初に起きた重要な変化は、冷戦時代は不可能に思われてきた国連主導下の国際平和活動への自衛隊の参加が実現したことであった。日本はそれと並行して、冷戦後の多国間安全保障の流れにのる外交を展開した。さらには、専守防衛の領域を超えた「周辺事態」での自衛隊による米軍への後方支援活動を可能とする、日米安保関係の「再確認」が進行した。

2 国際安全保障への参画

†湾岸戦争での「敗北」からカンボジア和平へ

冷戦終結後、一九九〇年代における日本の外交および安全保障政策は、広く国際安全保障とでも呼ぶべき領域で積極化した。まず日本は、一九九一年の湾岸戦争時の外交的「敗北」を教訓として、一九九二年六月に「国際平和協力法（PKO協力法）」を成立させ、同年九月、国連カンボジア暫定統治機構（UNTAC）に戦後はじめて自衛隊を派遣した。そして、同じころ日本は、ASEANを中心に生まれた多国間安全保障の機運に敏感に反応した。それは、一九九四年に始まるASEAN地域フォーラム（ARF）成立過程への、日本の積極的な関与となって表れた。

これらはいずれも、国際安全保障のための多国間枠組みへの日本の関与であり、冷戦後の日本外交に最初に生じた重要な変化であった。それは、冷戦後の多国間安全保障の機運をとらえたものであって、そこに、中国や韓国が日本の「軍事大国化」への衝動を読みとったことは、日本外交の実態を全く反映していなかった。むしろ、国際安全保障への関与は、冷戦後日本の実質的なミドルパワー外交が、カナダやオーストラリア、あるいは北欧諸国並みに発展した新たな展開に他ならなかった。そして、一九九〇年代に日本が国際安全保障への関与を着実に深めていったことは、「二重アイデンティティ」の解消を可能とするひとつの道筋を示唆していたということができる。

冷戦後の日本外交にとって最初の試練は、一九九一年一月の湾岸戦争であった。湾岸戦争は、冷戦後の世界秩序の行方を左右する最初の試金石であった。日本政府は、一九九〇年八月のイラクのクウェート軍事侵攻以来対応を模索したものの、結局は総額百三十億ドルという膨大な資金協力で貢献する以外になす術をもたなかった。湾岸戦争への貢献を視野に、純粋に非軍事分野に活動が限定された「国連平和協力隊」を派遣するための「国連平和協力法案」は、一九九〇年十一月に廃案になった。

おそらく、それ以上に日本の狼狽ぶりを象徴したのは、あれだけ明白なイラクの侵略行為に対して、「イラクも悪いが、アメリカも悪い」といった、あらゆる戦争を忌避する「反軍事文化」に根ざす反応が世論やマスコミを支配したことであったろう。国際社会から嘲笑され、クウェートからも感謝されず、「小切手外交」と揶揄された湾岸戦争時の経験は、まさに日本外交のトラウマとなった。

そのころ、一九七八年十二月のヴェトナムによるカンボジア侵攻以来泥沼化していたカンボジア紛争は、国連の和平努力により解決に向けて動き始めていた。一九八〇年代半ば以降、ソ連のゴルバチョフ書記長の新思考外交が地域紛争からの撤退を志向したことにも影響され、ヴェトナムはカンボジアからの軍の撤退を進めた。そして、米ソが冷戦の終結を確認し、中ソの和解も進むなか、ヴェトナム軍は一九八九年九月にカンボジアから完全撤退した。

こうしてそもそもカンボジア紛争の背後にあった大国間対立が後退すると、カンボジアの紛争四派（ヴェトナムの支援を受けるヘン・サムリン政権と、国際社会が正統と認めるシアヌーク派、ソン・サン派、ポル・ポト派からなる国民政府）の対立構造も徐々に緩和した。そして、一九九一年十月に、国連安保理主導のパリ国際会議が開催され、「カンボジア紛争の包括的政治解決に関する合意」およびその関連文書が採択された。

パリ合意実施のために設立されたのが、UNTACであった。UNTACの特別代表には国連事務次長の明石康が任命され、明石は一九九二年三月に赴任し活動を開始した。予定された武装解除はポル・ポト派の抵抗によって途中で停止され、ポル・ポト派は総選挙をボイコットした。しかし、一九九三年五月に予定通り実施された総選挙には、ほぼ九〇%に達するカンボジア国民が文字通り殺到し、自由で公正な過程を経たカンボジア新政権が樹立された。

†国際平和協力

日本政府は、カンボジア紛争への関与を、冷戦後日本外交の重要な柱に据えた。そして、国論の分裂と国会の混乱を経た難産の末に、一九九二年六月にかろうじて国際平和協力法（PKO協力法）を成立させ、三月から活動を開始していたUNTACに自衛隊を派遣した。UNTAC特別代表が日本人の明石であったことも幸運に作用し、日本の自衛隊は、ポル・ポト派による攻撃の可能性が低いプノンペン南部のタケオに配置され、UNTAC支援のための非軍事活動に従事した。その一方で、日本人の国連ボランティアと文民警察官が命を落としたことは、戦後日本の安全保障政策のねじれが生んだ悲劇であった。しかし、こうした慎重な足取りでなければ、自衛隊の国際安全保障への参画の扉を開くことは困難なのであった。自衛隊は、一九九三年九月にUNTACの任務を無事に完了した。

それは、冷戦後日本の安全保障政策のきわめて重要な第一歩となった。日本政府は、カンボジアでの活動が収束に向かうころ、主に輸送業務に従事する五十名ほどの自衛隊要員を、モザンビークでの国連PKO活動（ONUMOZ）に派遣した。自衛隊は、一九九三年五月から九五年一月まで活動を行ったが、カンボジアの場合とは極めて対照的に、それが日本内外の大きな注目を集めることはなかった。

続いて一九九四年九月に、ルワンダの民族抗争による避難民に対する人道支援に四百八十名を超える自衛隊要員が派遣された際には、社会党党首の村山富市を首相とする内閣による決定であったこともあり、自衛のための最小限の武器携行をめぐって国会が混乱するという一幕もあった。しかし、一九九六年二月には、大きな政治的混乱もなく中東のゴラン高原に四十五名の自衛隊員が派遣された。こうして、武器使用や他国の軍隊との一体化に関する憲法上の制約を抱えながらも、冷戦時代には夢想すらできなかった国連PKOへの参加は、日本の国際安全保障政策の柱となっていくのである。

総理府（二〇〇一年以降橋本行革により内閣府）の一連の世論調査の結果によると、日本の国際安全保障に対する参画に関して、国民世論は一九九〇年代をとおして健全でバランスのとれた立場を示していた。

たとえば、日本は国連PKOに参加すべきかという質問に関しては、一九九四年から二〇〇三年にかけての十年間をとおして、現状のレベルを維持することへの支持が概ね四〇%台後半を記録し、現状以上に積極的に参加すべきだという意見が二五%から三〇%であった。国連PKO参加は、日本人の七〇%から八〇%の支持を得ていることになる。

二〇〇一年九月十一日にアメリカに対する同時多発テロが発生すると、ブッシュ（Jr.）

政権は、まずアフガニスタン、次にイラクに対する戦争に踏み切った。それに対して小泉純一郎政権は、インド洋上での多国籍軍への給油活動とイラクへの復興支援に自衛隊を派遣する決断を示した。とりわけ、戦争終結後とはいえイラクへの自衛隊派遣は、ついに戦後はじめて自衛隊員にも犠牲者がでるかもしれないという緊張感のなかで決定であった。

にもかかわらず、日本の世論の反応に基本的な変化はみられなかった。たとえば、二〇〇四年の朝日新聞の世論調査によると、自衛隊の海外での活動について、カンボジア程度の国連ＰＫＯへの参加を支持するのが四五％、イラクのように戦闘状態が続いていても復興支援に参画すべきだとする立場が二五％であった（朝日新聞、二〇〇四年五月一日）。前者が現状支持派、後者が積極派であるといえそうであり、両者の合計は七〇％である。

ちなみに、総理府／内閣府の世論調査によれば、前述の十年間で、日本の国連安保理常任理事国入りに対する支持は六〇％から七〇％であるが、その理由として、毎年三割前後が、非核平和国家として世界平和に貢献できることをあげている。それに続いて、経済大国として世界平和の構築に積極的に参加すべきとする意見と、財政的貢献に見合った意思決定への参画の資格があるとする意見が、それぞれバランスよく合計五〇％を形成している。

日本の国連安保理常任理事国入りの問題は、伝統的な意味での大国意識の表れであるとする中国や韓国で優勢なイメージとは大きく異なる意味で、日本国民の支持を得ているのである。そのことは、自衛隊の国連PKOへの参加に関しても全く同様である。国際主義に基づく国際安全保障への参加に対する国民の支持は、比較的強固であるといってよさそうである。

†アセアン地域フォーラム（ARF）の設立

冷戦後アジアにおける多国間安全保障の試みとして最初に実を結んだのは、ASEAN地域フォーラム（ARF）であった。ARFは、その名が示すように、ASEAN主導によって実現した。ASEANにとって、冷戦の終焉は、東南アジアにおける大国間関係の変容を意味しており、新秩序形成過程でASEANが主導権を発揮する好機として受けとめられた。

この認識がASEANレベルで最初に明確に表明されたのは、一九九〇年五月のASEAN戦略国際問題研究所連合（ASEAN-ISIS）の会合においてであった。同会合の報告書は、域外大国の対立構造が大きく変わり、それにともないインドシナ紛争に新たな展望がみえてきたなかで、大国をASEANのイニシアティヴで取りこみ、ASEANの論理を拡大する形で多角的な安全保障協力を推進しようとする意気ごみを示した。

こうした認識を前提に翌九一年六月にジャカルタで開催されたＡＳＥＡＮ－ＩＳＩＳは、「イニシアティヴのとき」と題する提言を発表し、毎年のＡＳＥＡＮ拡大外相会議の直後に、安全保障問題を含めた「アジア太平洋政治対話」を恒例化するよう提言した。一九九二年一月の第四回ＡＳＥＡＮ首脳会議は、ＡＳＥＡＮ－ＩＳＩＳの提言どおり、ＡＳＥＡＮ拡大外相会議を利用して政治安全保障問題に関する対話の強化をうたう声明を発表した。そして、翌一九九三年七月のＡＳＥＡＮ外相会議で、ＡＳＥＡＮ地域フォーラムの設置が決まり、その第一回目の会合が、一九九四年七月二十五日にバンコクで開催された。

ＡＲＦ誕生にいたる一連のプロセスには、日本も重要な関与をしていた。一部では、ＡＲＦを日本のイニシアティヴとして評価する見方が根強く残っているが、その実態は以下のようなものであった。

まず、日本政府の関与は、かなりの程度、当時外務省情報調査局長であった佐藤行雄の役割に負うところが大きかった。佐藤は、ＡＲＦへの道筋をつけるのに重要な役割を果たしたＡＳＥＡＮ－ＩＳＩＳ会合に個人の資格でゲスト参加しており、その主要メンバーと緊密な関係を築くことに成功していた。「トラック２」と呼ばれる非公式の知的プロセスへの参画をとおして、安全保障問題に関する多国間政治対話の必要性とその性格に関して、日本とＡＳＥＡＮの基本的見解は収斂していた（佐藤「一九九五年の節目に向かって」）。

ちなみに、今日、ＡＳＥＡＮ諸国の主要な知識人の間の対日観には、日本の実像を反映した比較的正確な認識がある。それには、ＡＲＦ設立過程で佐藤が果たした役割や、ときを同じくして日本国際交流センター（故・山本正理事長）等が活発に推進した民間の知的対話の試みが、極めて重要な影響を与えてきた。そこで培われた日本とＡＳＥＡＮ諸国の間の信頼感は、実質的なミドルパワー外交における知的イニシアティヴの重要性と、それをベースにしたミドルパワー連携のあり方を示していたといえる。

ただ、ＡＲＦ成立過程で日本政府に勇み足があったとすれば、ＡＳＥＡＮとの関係の心地よさに油断したかのようにやや性急に動いてしまったことである。一九九一年七月のクアラルンプールにおけるＡＳＥＡＮ拡大外相会議に出席した中山太郎外務大臣が、「お互いの安心感を高めることを目的とする政治対話」を提案したことがそれにあたるだろう。それは、一九九一年六月のＡＳＥＡＮ－ＩＳＩＳ会合が「イニシアティヴのとき」を発表してから、一九九二年一月のＡＳＥＡＮ首脳会議がその提案を支持する間の出来事であった。

結局のところ、域外国に対する地域的強靭性を高めることを共通の目的としてきたＡＳＥＡＮは、域外国の提案で動く組織ではなかった。その結果ＡＳＥＡＮの首脳たちは、ＡＳＥＡＮ－ＩＳＩＳ提案のモメンタムを大切にしながらも、中山提案には冷ややかな目を向けたのである。しかし同時に、中山提案の発想は、ＡＳＥＡＮ－ＩＳＩＳの提案と大きく異なるものではなかった。潜在的にせよ、日本とＡＳＥＡＮの対等な関係は、単なるスローガンではなく、実態を備えていたのである。

3　日米安保関係の制度化

†日米安保関係の「再確認」

一九九〇年代に起きた日本外交の変化の第二の領域は、日米安保関係である。これには、一九九四年の北朝鮮危機が大きく作用していた。北朝鮮は、ソ連から原子力発電の支援を得るために、一九八五年に核不拡散条約（NPT）に加入していた。そして、一九九二年にようやく国際原子力機関（IAEA）との保障措置協定を締結し、査察を受けいれた。しかし、北朝鮮が申告していない二施設に対するIAEAの特別査察要求に対して、北朝鮮はこれを拒否し、一九九三年三月にNPTからの脱退を通告した。北朝鮮は、六月には再び交渉に応じたものの、その一方で五月に日本海で弾道ミサイル「ノドン1号」の発射実験を行うなどの挑発行動も続けた。

その間アメリカは、国連等による経済制裁の準備を本格化させ、一九九四年には、経済制裁発動を引き金とする朝鮮半島での戦争に備える態勢を整えた。当時アメリカの国防長官であったウィリアム・ペリーによると、このとき朝鮮半島は、朝鮮戦争終結以来、戦争に最も近づいた。

一九九四年の朝鮮半島危機がピークに達するなか、北朝鮮は、六月にアメリカのカーター元大統領の訪朝を受けいれ、危機の打開に動いた。危機回避を置き土産に七月に金日成が死去するものの、その後米朝協議は順調に進んだ。そして十月には、北朝鮮のプルトニウム抽出を凍結する代わりに軽水炉建設を支援する「合意枠組み」が成立し、危機はいったん収まった。

アメリカが臨戦態勢で臨んだ一九九四年の朝鮮半島危機に際して、日米の政策当局は、有事に際して日米安保関係が有効に機能するものかどうか懸念を深めた。このころ、「朝鮮半島有事の際に米軍が多くの犠牲を払うなかで、日本が何もできなければ日米安保は終わりだ」という趣旨の発言が、多くのアメリカ人から繰り返された。そこから、日米安保関係の「再確認」のプロセス、すなわち日米安保関係を救う試みが始まるのである。それは、新「防衛計画の大綱」（一九九五年十一月）、「日米安全保障共同宣言」（一九九六年四月）、新「日米防衛協力のための指針（ガイドライン）」（一九九七年九月）、「周辺事態法」（一九九九年五月）という具体的成果を生みだした。

この間、一九九六年三月の台湾での総統直接選挙に焦点を合わせた中国の軍事演習がエスカレートし、一九九五年から九六年にかけて台湾海峡危機が高まったことは、不幸なめぐり合わせであった。中国が、一連の日米安保「再確認」の過程を、中国や台湾問題に対して向けられた「日米軍事同盟」の強化であると受けとめたからである。その理解は、日米安保関係の脆弱性に対する深刻な懸念を根本的動機とする日米政策当局の認識とはきわめてかけ離れたものであったが、中国人の眼にはほとんど常識に等しいほどの確信となってしまった。

もっとも、日米安保関係の「再確認」の根底に、日米同盟の脆弱性に対する危機意識があったという理解は、日本人の間でも必ずしも共有されていなかった。事実、日米安保関係活性化の試みが比較的順調に進んだ背景には、国民や政治家の間に着実に広まりつつあった中国への警戒心があったことは否定できない。直接には中国脅威論とはほとんど無縁の日米政策当局の思惑を、中国要因が後押ししたのである。

しかも、そもそもの動機とは無縁ではあっても、いったんできあがったものが、懸念される中国の行動に対して効力をもつことは十分にあり得ることである。周辺事態法につながる流れが朝鮮半島危機に誘発されたものであったとしても、それは、論理的には台湾海峡危機にも適用可能であった。そのことがまた、中国の猜疑心を増幅するという悪循環を生んだ。それは、過渡期ならではの一九九〇年代の複雑な情景であった。

†新防衛計画の大綱

冷戦後の新潮流のなかで、日本政府は、国際安全保障への取りくみに続いて、日米安保関係と防衛政策のみなおしに取りかかった。それは、一九九四年二月に細川護熙首相の私的懇談会として設置され、「防衛計画の大綱」の考え方の再整理を諮問された「防衛問題懇談会」での討議で本格化した。懇談会の報告書は、同年八月に、細川、羽田両政権を継いだ村山内閣に提出された。

報告書は、冷戦後の安全保障環境を不透明で不確実なものと性格づけ、「多角的安全保障協力」、「日米安全保障関係の機能充実」、「信頼性の高い効率的な防衛力の維持および運用」という、三つの柱からなる整合性のある総合的な安全保障政策の構築を進言した。日米安保関係は依然として重要であるという判断を基に、脅威が分散化する冷戦後の安全保障にとって多角的安全保障協力が重要であることを強調したところに、ポスト冷戦的な特徴があった（渡邉『大国日本の揺らぎ』）。そして、日本の防衛力のあり方には、新たな安全保障環境に対応した修正を加えるべきであるとして、「防衛計画の大綱」のみなおしを唱えた。

前述のとおり、懇談会の報告書がまとまろうとしている最中に朝鮮半島情勢は緊迫していた。一九九四年十月に米朝合意枠組みが成立することで危機は回避されたが、危機の最中に、日米政策当局者は、朝鮮有事の際に日米同盟が機能しなければ、それは日米安保関係を深く傷つけるという懸念を強く意識するようになっていた。こうして、一九九五年十一月に閣議決定された「平成八年度以降に係る防衛計画の大綱」(新大綱)は、懇談会の報告書が強調した多角的安全保障協力の意義に加えて、周辺事態における日米安全保障協力の重要性を一段と強調することとなった。

新大綱は、一方で、国際情勢は不透明、不確実であるとの情勢判断にもとづき、日本の自衛隊に、大規模災害やテロリズム等への対応や国際平和協力の推進等を通じた国際平和への寄与という新しい役割を求めた。さらに新大綱は、「我が国周辺地域において我が国の平和と安全に重要な影響を与えるような事態が発生した場合」に「日米安全保障関係の円滑かつ効果的な運用を図る」という、いわゆる周辺事態に対する対応を盛りこんだ。これが、一九九六年の日米安保共同宣言と一九七八年に策定された「日米防衛協力のための指針」いわゆる「ガイドライン」の改定作業につながるのである。

†日米安全保障共同宣言と新ガイドライン

新大綱の制定と並行して作業が進められた日米安全保障共同宣言は、一九九五年十一月の大阪でのAPECサミットに来日する予定のクリントン大統領と村山首相との間で、新大綱の閣議決定と併せて発表される手はずであった。しかし、クリントン大統領が国内問題を理由に来日を取りやめ、結局、日米安全保障共同宣言は、同大統領が一九九六年四月に改めて来日した際に、橋本龍太郎首相との間で公表された。

日米安全保障共同宣言は、日米同盟を「21世紀に向けてアジア太平洋地域において安定的で繁栄した情勢を維持するための基礎」であると位置づけ、アメリカが軍事的プレゼンスを維持することは「アジア太平洋地域の平和と安定の維持のためにも不可欠である」とうたった。そして、日米防衛協力の一層の制度化をめざして、「ガイドライン」のみなおしを進めることを宣言した。

一九九七年九月に成立した新「ガイドライン」は、「平素から行う協力」、「日本に対する武力攻撃に際しての対処行動等」に加えて、「日本周辺地域における事態で日本の平和と安全に重要な影響を与える場合（周辺事態）の協力」を盛りこんだ。とりわけ、第三の項目は、一九七八年に成立した「ガイドライン」が手をつけることができなかった領域であった。しかし、冷戦の終焉と朝鮮半島情勢の緊迫化は、周辺事態に際して日本が憲法上実施可能な対米協力と不可能なものを緻密に区別するという、透明性の高い作業を可能にした。

こうした一連の日米安全保障協力の進展に対して、中国はそれが自国に対して向けられたものではないかとの懸念を強めた。とりわけ、周辺事態に台湾が含まれるかどうかについて、日本の政策当局者を執拗にせめた。日米側は、周辺事態は地理的概念ではなく状況概念であるという説明でそれをかわそうとした。すなわち、台湾が含まれるかどうかは、状況次第であるというメッセージである。「ガイドライン」みなおしの直接のきっかけとなったのは一九九四年の北朝鮮危機であったが、新「ガイドライン」で合意されたことは、理論的には、そして状況次第では他のケース、すなわち台湾有事にも適応可能であるということでもあった。

こうして、一九九〇年代には、憲法上の制約を抱えながらも日米安保関係の制度化が大きく進んだ。日本の世論は、そうした一九九〇年代の日本外交の構図を受けいれた。再び総理府/内閣府の世論調査によると、現状の日米安保体制と自衛力で日本の安全を守るとする世論は、一九九一年二月の六二・四%から二〇〇〇年一月の七一・二%へと着実に増大した。そしてその数字は、「九・一一テロ」後の二〇〇三年一月時点で七二・一%へとわずかに上昇した。すなわち、二〇〇一年に誕生したブッシュ(Jr.)政権の一国主義的な外交に直面しても、日本の世論はゆるがなかったのである。

もはや、日米安保関係は日本社会における深刻な対立要因ではなくなった。沖縄におけるアメリカ兵士による少女暴行事件（一九九五年九月）が引き起こした危機にみられるように、日米安保関係にまつわる国内問題は引き続き重要な問題である。しかし同時に、一九九〇年代には、極めて少数派とはいえ沖縄からも、日米安保関係と沖縄問題を、一定の日本外交の枠組みにおいて整合的にとらえようとする洞察が発信されるようにもなった。それにともない、日本外交の発想において、沖縄に対する公平さを見失わないことの重要性が一層強く自覚されるようになった（「21世紀日本の構想」懇談会『日本のフロンティアは日本の中にある』）。

こうして、必ずしも戦略論として腰のすわった理解に達したとはいえないにしても、吉田路線を基盤とする日本外交は、一九九〇年代をとおして確実に日本社会に根をおろしたといえそうである。一見逆説的だが、一九九〇年代に日本国民の間で改憲論に対する支持が着実にふえたのも、日本社会における吉田路線の定着を証明しているようにも思える。そこからよみとれるのは、改憲によって戦後日本の枠組みをこわすのではなく、吉田路線の延長線上にその弊害の是正をめざすという感覚である。

日本人の多くの現実主義的外交論が集団的自衛権の行使を支持するのも、日本の自立よりも日米安保関係の重要性を前提にした議論に他ならない。一九九〇年代に日本社会に定着したこうした外交感覚に、吉田路線の延長線上でどのような新しい形を与えることができるのか。それこそが、冷戦後一九九〇年代の経験が日本の政治につきつけた課題であり責任であった。

4　日本外交の変調と安倍路線

†日本主義による攪乱

一九九〇年代の日本外交の変化が基本的に国際主義にもとづいていたことは、日本政府が歴史問題に正面から取り組んだことにも表れていた。とりわけ重要だったのは、韓国との慰安婦問題であった。それは、一九九一年十二月に元慰安婦が問題を東京地裁に提訴することで、日韓の間での政治外交問題として表面化した。当時の宮澤喜一自民党内閣はすぐに調査をはじめ、河野洋平官房長官が一九九三年八月に、当時の日本軍の関与を認めた「河野談話」を発表した。一九九五年七月には「女性のためのアジア平和国民基金（アジア女性基金）」を設立し、官民の資金を合わせた「オールジャパン」の対応を展開した。

当時その取り組みは、韓国政府からも評価され歓迎された（「慰安婦問題を巡る日韓間のやりとりの経緯」）。そうした流れのなかで、一九九八年十月に、小渕恵三首相と金大中大統領との間で、歴史的な日韓和解をうたった「日韓共同宣言」が発せられたのである。しかしその後、日韓の歩み寄りに反発する両国の政治社会勢力間の感情的対立が政府間関係にも波及し、慰安婦問題は出口のみえない状況へと転げ落ちてしまう。

日本と中国との関係は、先に述べたとおり一九九〇年代後半以降対立の局面が表面化するが、それでも日本政府は、一九九八年十一月の江沢民訪日の際の「日中共同声明」で、「中国への侵略」に関し「深い反省」を表明した。こうした歴史問題への対応は、総じていえば、あの戦争に対する反省と戦後処理の論理にねざす戦後レジームの枠内の対応であったといってよいだろう。その意味で、当時の歴史問題への対応は、国際主義を基盤として国際安全保障への参画や日米安保関係の「再確認」が進んだ冷戦後の日本外交の重要な一部として意義づけることができるのである。

その最中の一九九七年に「日本会議」が結成されたことは、当時進行中であった日本外交の変調の根の深さを示すきわめて象徴的な出来事であった。その思想の根源には、明治憲法体制下の日本に対するノスタルジア（「日本主義」）があり、その運動の重要な目的に戦後レジームの原点としての「占領体制」の打破が掲げられている（菅野『日本会議の研究』）。当然ながらそこには、日本がしかけたアジアでの戦争を無謀な侵略戦争として受けとめる認識は不在である。

「日本会議」が醸しだす雰囲気は、戦後一貫して日本の政治や社会の周辺に存在してきた。

しかし安倍政権下ではそれが、最高権力者としての安倍晋三首相を頂点とする政治構造の下で、日本社会全体を覆う「空気」となって充満し始めた。この社会状況がきわめて分かりにくいのは、必ずしも厳格な思想や行動準則としての「日本主義」を信奉するわけではない政治家や一般の国民の間にも、漫然とした共感が広がっていることである。

そうした「空気」の拡散に、意図せずして掉をさしてしまったのが、小泉純一郎首相（二〇〇一年四月〜二〇〇六年九月）の外交であった。どちらかといえば中国に対しては融和的であり、歴史認識も進歩的であった小泉が、在任中毎年六回の靖国神社参拝を繰り返すことで、一九八五年に中曽根康弘首相が中国と取り交わした、首相、官房長官、外務大臣の在任中の参拝は控えるという「紳士協定」は事実上消滅した。

また、二〇〇二年九月の平壌訪問で日朝国交正常化の青写真を描いた「日朝平壌宣言」の調印という外交的偉業を成しとげながら、その後の日朝関係において日本人拉致問題が最大の障害として浮上することになったことも、小泉外交のもうひとつの重要な意図せざる結果であった。

その流れのなかで誕生したのが、「日本会議」の思想に心を寄せる安倍晋三首相であった。

†安倍路線の実像

安倍は、首相就任に備えて出版した書物で、「戦後日本の枠組みは、憲法はもちろん、教育方針の根幹である教育基本法まで、占領時代につくられたものだった」と述べ、それを変えることではじめて「真の独立が回復できる」と、その思想を実直に披露した（安倍『美しい国へ』）。それを許す「空気」がすでに日本社会に定着していたことを示す証左であり、だからこそ、二〇〇六年九月に首相となった安倍が「戦後レジームからの脱却」を公言するのである。

もとよりそうした「空気」の背景は、日本の政治社会経済構造の変動から安倍首相による選挙戦術まで広範かつ複合的だろうが、そこで国際情勢や外交が果たしている役割も必ずしも小さくはない。とりわけ、一九九〇年代後半以降日本の政治と社会に急速に蔓延するようになった、反中国感情の影響が大きい。それは、中国の反日感情と強烈な不協和音を奏でながら、歴史問題や尖閣諸島問題をめぐって日中二国間関係を悪化させ、第一次安倍政権がとなえた「価値観外交」を生んだ。

その最初の重要な契機は、一九九〇年代半ばに台湾の李登輝総統が民主化と「台湾化」をセットで進め、それに中国が強く反発したことであった。その後、日本の少なからぬ政治家が、「親台湾・反中国」の感情から民主主義や普遍的価値を声高に語るようになった。日本政府はそれ以前から、冷戦後の日米安保関係の新たなミッションとして、グローバリズムの観点から普遍的価値の擁護と推進を唱えるようになっていた（佐竹「日米同盟の『グローバル化』とそのゆくえ」）。そこに日本政府内にも蔓延するようになる反中国感情が触媒として作用し、中国の囲い込みを意図した「価値観外交」が展開されるようになるのである。

第一次および第二次安倍政権下で、教育制度の改革は着実に進行した。そして、安倍にとっての最重要課題が憲法改正であった。しかし、結果的にせよあの戦争を引きおこした明治憲法体制へのノスタルジアを抱えながらの憲法改正は、戦後の世界でめざましい復興をとげ平和と経済成長を達成した日本にとって、全くの無理筋というべきだろう。

先に述べたように、あの戦争の歴史と戦後憲法はコインの裏表として分かちがたく接着しているのであり、その両方を葬ることは事実上の「革命」に他ならない。憲法改正と外交の刷新という国家的大事業に取りくむのであれば、あの戦争の歴史に向き合うことがそもそもの大前提である。その意味で、日本にとって歴史問題が文字通りの戦略的課題なのである。

「日本会議」の主張に同情的な安倍首相の信条は、戦後レジームの枠外にあるといえる。

しかし安倍政権下の政策過程をみてみると、その信条どおりの改革（たとえば、一九九〇年代における日本政府の歴史問題への対応のリセットや憲法九条の改正）は戦後レジームの壁に跳ねかえされ実現せず、その政策的な結末は結局のところその枠内に収まるというパターンを確認することができる。

第一に、終戦七十年の節目にあたる二〇一五年八月に閣議決定された「安倍談話」（「内閣総理大臣談話」）である。そこでは、一九九五年の「村山談話」や二〇〇五年の「小泉談話」の核心であった「植民地支配」「侵略」「痛切な反省」「おわび」というキーワードが盛りこまれた。しかし談話を一読すれば、それらの用語が使われた脈絡はそれまでとは全く異なっていることは明白である。すなわち、安倍首相のそもそもの信条や歴史認識に修正が加えられたわけではないのである。にもかかわらず、まがりなりにもそれらの用語が使われたことで、歴代内閣の認識が踏襲されたという評価がなされた。つまり、一般的認識において安倍首相の歴史認識が戦後レジームの枠内に収まったということであるが、よくて中途半端な結末であったといわざるを得ない。

また、二〇一五年九月に成立した「平和安全法制」で限定的な行使が可能になった集団的自衛権に関しても、全く同様の構図が確認できる。安倍首相が、内閣支持率の低下を顧みず、同法案を文字どおりごり押しして国会を通過させたのは、安倍首相にとっての最重要課題である憲法改正と同次元の課題であったからだろう。

しかしながら、本来であれば憲法九条を改正して実現すべき集団的自衛権の行使を、憲法九条を維持したままの合憲論と日米安保関係強化の論理で正当化したことは、戦後レジームの枠外の衝動に起因する政治過程の結末が、結局はその枠内に収まったことを意味していた（添谷『安全保障を問いなおす』）。

†古くて新しいねじれ

以上のような安倍路線に対しては、四つの異なった視点からの解釈が可能である。ひとつは、「日本会議」的観点からの見方で、安倍首相個人の思想はともかく、歴史問題への対応や外交政策の結末が戦後レジームとの妥協の産物である点に関しては、大きな不満が残ることになる。そこで興味深いのは、集団的自衛権の行使問題である。それが戦後レジームの枠内で実現したにもかかわらず一定の評価を受けたことには、ふたつの意味があるように思われる。第一は、中国の脅威に対する抑止効果である。そして第二には、憲法九条の改正までにはいたらなかったものの、その精神を事実上「換骨奪胎」したことへの肯定的評価である。

実はこの後者にこそ、安倍路線がもつ思想性の最大の問題が潜んでいる。つまり、占領体制をリセットして戦後レジームから脱却しようとする衝動から発する政策は、体制の変革をもたらすまでにはいたらず、結局は戦後レジームを一種の「虫食い」状態にするだけなのである。さらに、詳細な検討は専門家にゆずりたいが、一連の教育改革や、諸外国との紛争に関する政府の公式見解を中学や高校の教科書で教えるといった方針も、全く同様のケースだろう。

第二に、こうした日本主義的立場の対極にあるのが、護憲平和主義である。周知のとおりこの両者は、慰安婦問題、靖国神社問題、あの戦争の認識問題等をめぐる歴史問題や、中国や北朝鮮に対する（必ずしも脅威認識そのものではなく）外交アプローチに関して、まったく正反対の立場にたっている。かつては右への監視機能を果たしてきたこの立場は、今日の日本社会で多くの政治家や論客からもしばしば攻撃対象とされ、著しく劣勢に立たされている。

そして第三に、その中間の現実主義的立場は、日米関係の強化等の政策的な結果と実際の外交が、事実上戦後レジームの枠内に収まっていることを、日本外交の実像として積極的に評価する。首相の靖国神社参拝等には反対するなど、安倍路線の思想性に同調するわけではないながらも、「地球を俯瞰する外交」や「積極的平和主義」等の政策スローガンを額面どおり評価する。安倍首相の外交から何らかの戦略性を読み取ろうとする議論は、この立場の亜流といえるかもしれない。

これらに対して、本書の問題意識はさらに別のところにある。先にのべたとおり、安倍路線には、そもそもの思想と動機は後ろ向きで内向きの日本主義でありながら、生まれる政策は戦後レジームの枠内に収まりそれを説明する言説も国際主義的であるという、根源的な矛盾が潜んでいる。そこに、日本外交の「戦後」のゆがみが端的に示されているといえよう。

それは、日本外交の「古くて新しいねじれ」といえるかもしれない。前著(添谷『日本の「ミドルパワー」外交』)で指摘した「古い」ねじれは、中庸の吉田路線を軸に分裂した左右の外交路線が主張をぶつけ合いながらも、吉田路線にもとづく実際の日本外交の選択には実質的な影響をもたないという状況を生んだ。かつて高坂正堯は、そのことを「外交政策の不在と外交論議の不毛」と嘆いた(高坂『海洋国家日本の構想』)。

他方、安倍路線に潜む「新しい」ねじれは、「戦後レジームからの脱却」という衝動と、依然として戦後レジーム内に収まっている現実の政策や外交との間のギャップとして現れている。いまや、敗戦や占領へのトラウマを抱える右の伝統的国家主義に対する対抗勢力は、必ずしもかつての左の戦後平和主義ではなくなった。つまり、伝統的国家主義路線にとっての最大の壁は、実は脱却しようとする戦後レジームそのものなのである。

そのことは、左の戦後平和主義路線が先細りになったからといって、右の外交路線の「正しさ」を証明することにはならないことを意味している。つまり、右も左も、いずれかが路線競争で優勢になったからといって、戦後レジームの代替にはなり得ないという「古い」ねじれの構図は、依然として強固なのである。

予想をしろといわれれば、残念ながら現状はしばらく継続することになりそうである。執筆時点において、安倍路線下での憲法改正、とりわけ第九条の改正は、もはや戦後レジームの改革でもなく、ましてや外交戦略論とも関係がなく、改憲自体が自己目的化するという迷走状態にある。そのことは、一方では戦後レジーム下の日本外交の継続性を担保することになるだろう。しかし他方で、中国や北朝鮮に対する脅威論と共鳴しつつ、「戦後」に対するフラストレーションもさまよい続けることが予想される。「外交政策の不在と外交論議の不毛」は、本質的にはいまだに変わっていないのである。

終　章

ミドルパワー外交の構想

1　戦後日本外交の展開

†吉田路線と「戦後」

ミドルパワー外交という視角から改めて考えてみると、いかに日本外交の「戦後」の根が深いかを思い知らされる。今日においてもなお日本は、全く異なる国際政治構造から生まれた戦後憲法と日米安保条約の間の矛盾を整理できないでいる。それどころか、右と左の政治対立は、その矛盾をますます深めているように思える。

筆者が日本のミドルパワー外交論をはじめて公に論じたのは、二〇〇〇年であった（『朝日新聞』「論壇」二〇〇〇年一月十二日）。その発想を誘発したのは、一九九一年の湾岸戦争での「敗北」を受けて一九九二年にカンボジアでのPKO活動に自衛隊を派遣する過程をつぶさに観察し、政策志向研究にも参加してカンボジアで活動する自衛隊基地を訪問した経験であった。

そこで強く感じたのが、戦後日本の「二重アイデンティティ」の問題であった。その視角から戦後日本外交をとらえなおしてみると、国家像の分裂がいかに日本外交の根本的足枷になっているかが、構造的に浮かんできた。本書は、自縄自縛的状況を生んだ足枷の正体が、吉田路線に潜むねじれと、それを前提に成立した「戦後」の日本外交の枠組みそのものであったことを論じた。

憲法九条と日米安保条約を二本柱とする吉田路線は、しばしば外交的自立の衝動をはらんだ政治的攻撃にさらされてきた。しかし、日本外交の「戦後」の特徴は、自立を求めるナショナリズムが、イデオロギー的に左右に分裂していたことにあった。そして、そこにおいて右が求める自立も、左が唱える自立も、戦後日本の国家戦略の基礎にはなり得なかった。

その結果、中庸の吉田路線の有用性が、試行錯誤を繰り返すなかでほとんど消去法的に確認されてきた。その間、改憲は政治的にタブーとなり、本質的には対米自立の衝動に突き動かされる外交が、結局は日米安保関係を前提とする枠組みに引き戻されることになった。一九六〇年に成立した日米安保条約の改定は、そのことを最も明瞭に示した。

消去法により存立の基盤が確認されてきた吉田路線を、現実路線として体系化する試みは、一九六〇年代の高度成長と先進国の仲間入りという裏づけを得て、ようやく一九七〇年代に始まった。一九六〇年代後半の高坂正堯による吉田茂再評価は、その重要な知的基盤を提供した。その試みは、基盤的防衛力構想を柱とする「防衛計画の大綱」、および日本の防衛を中心として日米安保協力の具体的あり方を示した「日米防衛協力のための指針（ガイドライン）」を生んだ。それらは、憲法九条を前提とする防衛政策と日米安保関係の間に政策上の連関を見出す作業であり、その両者を結合させることで独立心を犠牲にした吉田路線の陥穽を埋めようとする試みであった。

ここにおいて、日本外交には一定の主体性が確立され、吉田路線を基盤とする外交の枠組みがようやく体系化され始めたといえるだろう。その結果、日本の政治と世論の間に、日米安保関係が日本外交にとって重要であるという感覚が徐々に定着していった。そして、吉田の選択をドクトリンとして意義づける議論が登場するのである。

しかし同時に、右と左のナショナリズムが日米安保関係を一種の従属関係としてみる傾向は依然として残った。そもそも吉田路線は、大国主義であれ非武装中立であれ、ナショナリズムが本能的に求める自立には禁欲的であり、日本が不必要にナショナリズムを振りかざさないことに重要な価値を見出すものであった。一九七〇年代の吉田路線体系化の試みは日本外交の深層に着実に浸透しながらも、そのことの意味を日本の政治と世論が明示的に自覚するまでには至らなかったといえるだろう。

†中曽根外交の意味

一九七〇年代に成立した日本外交の枠組みの下で、その基盤的部分は受けいれながらも、日本外交のさらなる自立を志向したのが、中曽根康弘であった。一九七〇年代初期に中曽根が唱えた自主防衛論と非核中級国家論は、中曽根の基本的発想を反映したものであった。非核中級国家論は、まさに吉田路線を前提とした戦略論の柱であり、自主防衛論は、非核中級国家論を前提にした上で、日本のより主体的な防衛政策を求めたものであった。

しかし、自主防衛で中曽根が求めた主体性は、「防衛計画の大綱」の基盤的防衛力構想に立脚する主体性よりも、数段自立志向が強いものであった。中曽根は真に対等な立場での日米協力への意欲を実直に示しており、それは、中曽根の自主防衛論の背後にあった所要防衛力の発想とあわせて、当時防衛庁の中枢にいた久保卓也等には、行きすぎたものに映った。

結局、防衛庁長官中曽根の非核中級国家論は佐藤栄作首相によって否定され、自主防衛論は防衛官僚の受けいれるところとはならなかった。中曽根が唱えた事実上のミドルパワー外交は、高度成長をなしとげた経済大国日本の自尊心は満たさず、実際の防衛政策をつかさどる立場からは勇ましすぎたのである。

一九八〇年代に念願の首相の座を射止めた中曽根は、七〇年代に成立した外交の前提に立って、日米関係の対等化と国際国家日本の自立をめざす外交を推進した。そこには、中曽根が若いときから抱いてきた吉田路線を修正しようとする動機が作用していただろう。しかし、中曽根が戦後一貫して心に秘めてきた改憲論を懐にしまいこまざるを得なかったことは、中曽根外交も、結局のところ吉田路線が規定する枠を越えるものではなかったことを意味していた。

吉田路線に潜む最大の問題点は、一九六〇年代に高坂正堯が喝破したように、戦後日本の復興と発展の基盤となったにもかかわらず、日本人の独立心を犠牲にしたことであった。若き日の中曽根による吉田攻撃も、まさにそこに照準があてられていた。中曽根外交の心は、可能であれば（結局不可能であるとの判断に落ちつくのであるが）改憲をなしとげ、自主防衛にもとづくより対等な日米関係を再構築し、日本を国際国家として自立させることにあった。そして、一九七〇年代初期の段階でのそうしたあるべき日本の国家像が、伝統的大国ではなく、非核中級国家であったのである。

中曽根にとって、一九七〇年代に進んだ吉田路線の体系化は基本的に受けいれても、独立心の回復という宿題は終わりではなかったといえるだろう。しかし、吉田路線を基盤とする日本外交の枠組みは、あまりにも強固であった。

†冷戦後の新しい展望

冷戦後一九九〇年代に入って、日本を取り巻く内外の状況は変わり、日本外交には全く新しい展望の可能性が開けてきた。その端緒を開いたのは、一九九一年の湾岸戦争での「敗北」を教訓とした、国際安全保障への参画であった。それは、大筋では、一九九二年の国連カンボジア暫定統治機構（UNTAC）への自衛隊の参加から、二〇〇三年末のイラクへの自衛隊派遣へと、着実な進展を示した。

同時に、日米安保関係の再確認が進んだ。その作業のなかで、一九七八年の「ガイドライン」策定以来政治的に手がつけられなかった周辺事態における日米協力に関する合意が、一九九七年の新「ガイドライン」として成立した。

こうして冷戦後の日本外交は、国際安全保障の領域へと大きく舵をきりながら、日米安保関係の制度化をさらに進めた。そこにみえる日本外交のあり方には、時代環境と具体的内実こそ異なれ、アメリカとの安全保障関係を軸にしながら、共同防衛の時代における日本の国際的役割の重要性を唱えた吉田茂の外交論に通じるものがある。さらには、日米安保関係の強化を図りながら、国際国家としての日本の自立を模索した中曽根外交も、同様の日本外交の構図を追い求めていたといってよいであろう。

すなわち、冷戦後一九九〇年代における日本外交の変化は、占領期における吉田茂の選択の遺産を否定するものではなく、むしろそれを土台として、その延長線上に日本の新しい外交像を模索したものとして意義づけられるのである。そしてその変化は、吉田路線が無意識に準備した実質的なミドルパワー外交を、日本外交の戦略論へと高める潜在性を示していたように思える。

そのことは、本書でもみたように、一九九〇年代にタブーではなくなった改憲論議の背景に国際主義的な問題意識が明確に存在したこと、そして一九九〇年の日本外交が韓国や中国との間の歴史問題に対しても前向きに取り組んだことにも表れていた。

†未来志向の改憲論を

しかしながら、その後今日にいたる日本外交は、戦争の廃墟から立ちあがり、戦争への反省を基礎として順調に国際社会への復帰の道を歩み続けた戦後の流れを逆流させようとするかのような力に、揺さぶられているようにみえる。そのことは、一九九〇年代の日本政府による歴史問題への対応を一貫して批判してきた政治勢力が主導する、最近の改憲論議に集約されているといえる。占領改革をリセットしようとする思想を源流とする改憲論が、内向きで後ろ向きであることに多くの説明はいらないだろう。

ミドルパワー外交論の立場からしても、吉田路線のねじれを解き、その枠組みを新たな戦略へと展開するため、つまり日本外交の「戦後」を終わらせるためには、やはり憲法九条の改正が必要となる。そのためには、今後の日本の新たな国家像と外交像をみすえた未来志向の改憲論が、前向きに語られる必要がある。

たとえば、憲法九条の下での自衛隊の存在や集団的自衛権の合憲性に疑念が残ることに対して、それらを憲法に明示的に書きこもうとする発想は、やはり後ろ向きである。それらの権利は、国連憲章でも当たり前のこととして認められているのであり、そもそも国際社会を構成する主権国家がそれを有していることに疑問の余地はない。戦後日本が抱えてきた根源的問題は、当たり前のことをめぐって国論が分裂してきたこと、そして防衛安全保障上の当然の権利を行使する「普通の国」としての日本に対する内外の疑念や不信を払拭できないことにあった。

自衛力や集団的自衛権の保持が当然であるのと同様、正当な国防意識も全く当たり前のことのはずである。しかし、戦後平和主義の後退にともなう伝統的国防意識の高揚を追い風にした改憲論では、戦後レジーム下の悪循環を増長することはあっても、その解消をもたらすパラダイムシフトは起こらないだろう。

重要なのは、改憲に抵抗してきた戦後平和主義や、歴史認識の異なる中国や韓国と対抗することではなく、当たり前のことが当たり前に受けとめられる国家像や外交像を築くことなのである。そのような好循環が起これば、自衛隊の存在や集団的自衛の権利をわざわざ憲法に明示的に書きこむ必要もなく、問題の焦点は、当然の権利をどのように使うのかということに移るはずである。

そして、そのような未来志向の改憲論は、戦後平和主義こそが提起すべきだろうと思う。そのことによって、右の改憲論の限界がおのずと浮かび上がるだろう。そして、多様な改憲論が、かつての右から左におよぶイデオロギー的広がりのなかで様々に提起されるとき、戦後日本の外交論は、吉田路線のねじれを正し、「戦後」の左右対立を越えた第三の道へと足を踏みいれることになると思うのである。

2　ミドルパワー外交と安全保障

†日本外交と軍事力

新たな日本外交を模索する作業は、決して伝統的な国防や安全保障に特化したものではない。そこを固めることは外交の基礎を定めることではあるが、そこから先の日本外交の真価は、その基礎の上に何を築くのかということでこそ問われる。すなわち、ミドルパワー外交としての日本外交の本領は、国際政治の基本的枠組みを規定する安全保障中心の場面においてではなく、大国間政治とは一線を画した中間領域において最大限に発揮されるといえる。

実は、戦後の日本外交も事実上そうした実体を備えていたのであるが、これまでの日本の政治や世論の日本外交に関する議論のみならず、専門家の日本外交論ですらそうした領域に注目することはほとんどなかった。それは、まさに戦後日本の「二重アイデンティティ」のなせる業であった。

今日、冷戦後の日本外交に関して、かつての平和国家イメージは急速に後退し、伝統的大国イメージが増幅している観がある。しかしそれは、基本的に認識の次元にとどまっており、あまり実状を反映したものではない。たとえば、自衛隊の役割が高まると、国の内外で「日本は軍事的役割ばかりを追い求めず、それ以外の領域でこそ役割を果たすべきだ」という主張が決まって唱えられてきたが、実は日本外交はこれまでも、そして今も、軍事的領域以外でこそ大きな国際的役割を果たしているのである。

日本外交をめぐる認識と現実のギャップは、かなりの程度、日本外交のなかでの軍事力の位置づけが曖昧であったことに由来している。しかも、軍事力の適正な役割を定めようとする試みが、日本内外で大国イメージにとらわれる立場から押さえつけられてきた。しかし、日本外交の大枠のなかで日本の自衛力と日米安保関係の位置づけを的確に見定めることは、むしろミドルパワー外交の基本的要件であるというべきなのである。

本書がもっぱら安全保障領域を中心として考察を進めてきたのは、その認識と現実のギャップが戦後日本外交を根底で制約してきたという思いからであり、吉田路線を基盤にした戦後日本の安全保障政策が体系化されるプロセスを経て、日本外交に徐々にミドルパワー外交の土台が固まってきたことを明らかにしたかったからであった。

†日米安保関係と国際安全保障

以上のことは、ミドルパワー外交が大国間政治と全く無関係であることを意味するものではない。むしろ、大国間関係が規定する安全保障領域での外交スタンスが明瞭であることが、中間領域での主体的な外交を構築する大前提となる。まさにその意味で、日米安保関係は日本外交の柱なのである。

また、一見逆説的だが、日米安保関係に対する日本外交の戦略的足場が固まることによって、日本外交のアメリカに対する主体性はむしろ高まるというべきであろう。このことは、大国イメージを引きずる日本にとってはとりわけ重要である。単独でアメリカや中国と同次元の大国間権力政治に加わる選択肢をもたない日本にとって、「大国日本」に対する不信感がつきまとう限り、正当な主体性要求も、結局はアメリカの意思のなかに閉じこめられてしまうからである。

ミドルパワー外交の代表的課題として、しばしば国連平和維持活動（ＰＫＯ）があげられる。カナダやオーストラリア、そして北欧諸国等、自他共に認めるミドルパワーがＰＫＯ活動に積極的に関与してきたのは、「中間国家」としてのミドルパワー外交の明示的なケースであった。同様に、冷戦後の日本外交がカンボジアでの活動を皮切りに国連ＰＫＯ

活動への関与を深めてきたことも、実質的なミドルパワー外交の重要な一環であったといえる。

そしてそれは、前章でみたように、国際安全保障への参画という冷戦後日本外交の新天地を切り開いた。日本は、二〇〇一年のアメリカに対する「九・一一テロ」直後にも、テロ特別措置法を整備し、アフガニスタン戦争での自衛隊による海上補給という後方支援活動を実施した。アメリカ主導のアフガニスタン戦争が、国連を含めて国際社会全体の支援を受けたものであったことは記憶に新しいが、日本の迅速な対応が可能となったのも、一九九〇年代はじめの湾岸戦争以降の、着実な国際安全保障への参画があったからであった。アフガニスタン戦争に続くイラク戦争の場合には、ブッシュ政権による独り善がりの猪突猛進ぶりが目立ち、国際安全保障としての意味合いは薄れがちであった。しかし、イラク攻撃に先立ち国連決議をとおすことの重要性をブッシュ政権の内部に入りこんで主張し続けたのは、他ならぬ同盟国のイギリスと日本であった。

その結果、当初からサダム・フセイン排除を自己目的として掲げていたブッシュ政権が、国連外交において大量破壊兵器を開戦の理由に掲げる動きをみせたのであり（それはブッシュ政権による事実上の譲歩であった）、そこにおいてフランス等がアメリカに対して多国間外交を展開する余地が生まれたのであった。

このことは、日本外交における日米安保関係と国際安全保障の関連のあり方を示しており、国連安全保障理事会の常任理事国入りをめざす日本の外交も、同様の視点からの整理が必要である。国連安保理常任理事国入り問題は、国際的には日本の大国外交の表れであると思われているし、賛成だろうが反対だろうが日本人の多くもそう思っているだろう。しかも、心のなかで日本の常任理事国入りに強い抵抗を感じている中国や韓国は、無意識のうちにせよ、東アジアにおける「四大国」というレンズから日本の意欲を冷ややかにみている。

しかし、日本が常任理事国になったとしても、米中ロの核大国と同等の役割を果たせるはずはなく、実は日本の外交当局もそんなことを望んでいるのではない。常任理事国入りをめざす日本外交の戦略的足場を、むしろイギリスやフランスとの対等な立場をイメージするところで定めることは、決して外交戦術ではなく、日本外交の本質と実態を反映しているというべきである。

その上で重要なのは、日本外交がどういうヴィジョンを掲げ、何をめざすのかということである。次に、「人間の安全保障」と東アジア協力ネットワークの構築に、そうした日本外交の将来像を描く手がかりがあることを論じてみたい。

3 人間の安全保障

†ミドルパワー外交の柱

国連を舞台にした外交とも関連して、冷戦後に日本外交が多くの労力と資源をつぎこみはじめた領域に、人間の安全保障がある。今後、国際安全保障への参画および国連常任理事国入りをめざす外交を、人間の安全保障を模索する日本外交の戦略論に取りこんでいくことが真剣に模索されてもよい。

人間の安全保障の概念は、一九九四年の国連開発計画（UNDP）の報告書が唱えたことで世界的に認知されるようになった。その報告書は、そもそも国連は「恐怖からの自由」と「欠乏からの自由」を求めてきたことを強調し、人間の安全保障の中核的領域として、経済、食料、健康、環境、個人、コミュニティおよび政治の安全保障という七つを指摘した。その後、カナダをはじめミドルパワー外交を推進してきた国々は、紛争防止、平和維持活動、自動小銃等小火器拡散防止への取りくみ等を、人間の安全保障における「恐怖からの自由」という観点から明示的に意義づけるようになった。

実は冷戦後一九九〇年代の日本外交は、国家主義的な自己主張の声が大きくなりつつある国内の雰囲気とは裏腹に、人間の安全保障へと着実に傾斜していった。多くの日本人の目がそこに向いていないためあまり理解されていないが、国連や多国間協調の場での軍縮、紛争防止、小火器の拡散防止等で日本外交は重要な役割を果たしてきており、そこにおけるカナダやオーストラリアとの協力関係は着実に拡大してきている。

†小渕外交の遺産

一九九〇年代後半にそうした日本外交を積極的に推進したのは、小渕恵三首相であった。小渕は、外相当時の一九九七年、「対人地雷全面禁止条約」、いわゆるオタワ条約の成立に尽力した。日本政府は、同年三月に「対人地雷に関する東京会議」を主催し、地雷の除去活動、技術開発、犠牲者支援の三分野についてのガイドライン取りまとめに中心的な役割を果たした。同年十二月のオタワ条約署名会議は、NGO活動とカナダ政府を中心とした「恐怖からの自由」を求めるイニシアティヴに、日本外交が共鳴した歴史的瞬間であった。

会議に出席した小渕は、日本政府が、オタワ条約を出発点として「犠牲者ゼロ・プログラム」を推進することも表明した。ちなみに、同プログラムの推進ポスターを描いたのが非凡な芸術能力を有する中曽根康弘であったことは、本書が論じた中曽根外交のイメージを補強する。

同時に、日本の人間の安全保障を求める外交は、「欠乏からの自由」の推進に、より積極的に取りくんだ。それは、「恐怖からの自由」に関する領域での活動がしばしば憲法九条に抵触する恐れのある実力行使をともなうことをも背景としつつ、政府開発援助（ODA）政策の新たなミッションとして意識されるようになった。ここでも、小渕が重要な役割を果たした。

日本がODA政策との関連で人間の安全保障を強調するようになる重要な背景は、一九九七年のタイのバーツ危機に端を発するアジア経済危機であった。一九九八年五月、当時外務大臣であった小渕は、「二十一世紀への展望日本と東アジア」と題するシンガポールでの政策演説で、「経済危機において、最もしわ寄せを受けやすいのが、貧困層、高齢者、障害者、女性・子供等の社会的弱者です。健康や雇用といった問題は、『人間の安全』（ヒューマン・セキュリティー）に関わる問題であり、従来より我が国はこのような社会開発分野への取り組みに対して政府開発援助（ODA）により積極的に支援を行ってきていますが、今後この分野の協力を一層拡充していきたいと考えています」と述べたのである。

その直後首相となった小渕は、側近の参議院議員武見敬三や日本国際交流センター理事長山本正との連携の下、人間の安全保障の一層の推進を図った。一九九八年十二月二日、日本国際交流センターが主催する「アジアの明日を創る知的対話」で基調講演を行った小渕は、「人間の安全保障」とは、「人間の生存、生活、尊厳を脅かすあらゆる種類の脅威を包括的にとらえ、これらに対する取り組みを強化するという考え方である」と述べ、二十一世紀を「人間中心の社会の世紀」とすべきであると訴えた。

さらに小渕は、その二週間後の十二月十六日、「ASEAN＋3」首脳会談に参加するため訪れたハノイの国際関係学院で講演し、アジアの二十一世紀を「人間の尊厳に立脚した平和と繁栄の世紀」にするべきであると再び論じ、そのために、アジアの再生、人間の安全保障、知的対話という三つの分野における努力の重要性を唱えた。そして、国連に「人間の安全保障基金」を設置するため五億円を拠出する用意のあることを表明し、同基金は一九九九年三月に設立された。

†人間の安全保障委員会

二〇〇〇年五月に小渕が急死した後も、人間の安全保障を推進する日本外交は一層勢いを増した。小渕の後継となった森喜朗は、二〇〇〇年九月の国連「ミレニアム・サミット」において、「『人間の安全保障』を外交の柱にすえ、二十一世紀を人間中心の世紀とするために全力を挙げていく」決意を表明し、小渕のイニシアティヴで国連に設立された「人間の安全保障基金」に対して、すでに拠出した九十億円に加え、新たに百億円を拠出する方針を明らかにした。さらに森は、人間の安全保障のための国際委員会の設立を提案し、人間の安全保障への国際的取り組みに対する考え方を深めることの重要性を訴えた。

国連「ミレニアム・サミット」に先立つ二〇〇〇年七月、日本政府は、九州・沖縄サミット開催の機をとらえ「人間の安全保障国際シンポジウム」を東京で開催した。そこに、国連難民高等弁務官緒方貞子とノーベル賞経済学者のアマルティア・センが、基調講演者として招かれた。それは、両者を共同議長とする「人間の安全保障委員会」の設立に向けてのイニシアティヴであった。

「人間の安全保障委員会」は、翌二〇〇一年一月に、訪日したアナン国連事務総長と、十年におよぶ国連難民高等弁務官の職を離れたばかりの緒方貞子によって設立が発表された。そして同委員会は、二〇〇三年五月にアナン国連事務総長に報告書を提出した。同報告書は、人間の安全保障は、政治、社会、環境、経済、軍事、文化の領域で、人々の生存、生活、尊厳を保障するシステムを創ることであると論じ、国際社会に具体的な行動を呼びかけた。

こうして、人間の安全保障はすでに日本外交の大きな柱となっており、今後もODA政策の再構築もにらみ、日本の新しい外交像の核として育てていきたいものである。既述のように、これは伝統的な国防や安全保障政策に対するアンチテーゼではない。これらを対立概念でとらえる「戦後」の束縛から脱し、伝統的な安全保障問題への備えも、人間の安全保障の推進も、ともにミドルパワー外交の視点から整合的にとらえるべきなのである。

4　東アジア諸国とのミドルパワー連携

†東アジア外交の目線

さらに日本は、日米関係を基軸とする外交の大枠の下で、人間の安全保障を日本のグローバルな外交の「顔」として掲げつつ、今後より深くアジア諸国との協力ネットワークの形成に関与して行くことが求められるだろう。

その際に日本は、以下にみるように、中国を中心に動きつつある当面のプロセスに対して意味のある対案を示すべき立場にあるが、それは決して中国と一対一で張り合う大国外交にはなり得ない。そこでの日本外交は、日本の主張に韓国や東南アジア、さらにはオーストラリアやニュージーランドの賛同を得るために、それらの諸国と同じ目線からミドルパワー連携を深めることに戦略的な照準を合わせるべきなのである。

今日、本書のいうミドルパワー外交を実質的に推進している外交当局ですら、それをミドルパワー外交としてイメージすることへの抵抗は強い。ましてや、アジア諸国からすればなおさらそうである。しかしその認識は、あたかも日中両国がアジアで覇を競う大国であるかのような前提を無意識にせよ受けいれることにつながり、場合によっては日米中関係を対等な大国の関係として想定するという誤謬を生む土壌に他ならない。

たとえば、韓国から日本外交をみた場合、本能的に「四大国」の一国として日本を位置づける。しかし、アメリカ、中国、ロシアは、最終的な拠り所として核兵器を含めた軍事力を有し、いざとなれば安全保障上の対立を覚悟した独自の朝鮮半島戦略をもち得る国である。しかし、日米安保関係を前提とする戦後日本の対韓政策や朝鮮半島政策には、そうした大国外交の要素は皆無であった。今日の日本が、そうした外交の復活をねらっているわけでもない。

日本の安全保障政策の軸足がミドルパワー外交にあるということは、北東アジアの国際政治構造において、日本を「四大国」の一角よりはむしろ韓国の立場に近づける。第三章でみた日韓安全保障協力の萌芽は、そうした日韓の構造的接近の端緒であったし、冷戦後、日韓両国は、その種の接近を実質的に進めつつある。一九九八年の金大中大統領訪日以降の新たな日韓関係の進展も、長期的視点からすれば、同様の構図のなかでの展開であったと意義づけることができる。進化する両国の市民社会の交流がそれを支えていることも、民主主義を基盤とするミドルパワー連携としての日韓関係の重要な側面である。

†「ASEAN＋3」のなかの日本

さらに今日、日本、韓国、中国にASEANを加えた「ASEAN＋3」を軸に、東アジアの地域主義が急速に発展している。「ASEAN＋3」は、一九九七年の通貨危機直前の橋本龍太郎首相による日本・ASEAN首脳会談の定例化提案を背景にして、危機の最中にASEAN創設三十周年を迎えたASEAN側からの提案により設立された。一九九七年十二月に第一回首脳会合がクアラルンプールで開かれ、それ以降ASEAN首脳会合の際に「ASEAN＋3」首脳会合を開催することが定例化された。

「ASEAN＋3」の場では、中国の活発な外交が注目を集めている。中国は、二〇〇〇年十一月にシンガポールで開催された中国・ASEAN首脳会合の場で、「中国・ASEAN自由貿易圏」の設立を提案した。続いて両者は、二〇〇一年十一月にブルネイで開催された「ASEAN＋3」の場で、今後十年以内に自由貿易圏を実現し、早期に「枠組み協定」を締結することで合意した。そして、二〇〇二年十一月のプノンペンにおける中国・ASEAN首脳会合で、十年以内の中国・ASEAN自由貿易圏創設を含む「包括的経済枠組み協定」が調印された。

当時日本は、韓国やメキシコとの自由貿易協定（FTA）に関する研究を始めており、一九九九年にはシンガポールとのFTA交渉開始で合意していた。しかし、中国が動く前の日本の政策的関心は、北米自由貿易協定（NAFTA）、EUとメキシコの自由貿易協定、世界貿易機関（WTO）交渉の停滞等に刺激された経済的なものであった。

それとは対照的に、中国による積極的働きかけには、一九九〇年代をとおしたアメリカや日米同盟、およびASEAN地域フォーラムに対する試行錯誤の経験が反映されており、中国を軸とした地域秩序の再編をにらむ地政学的な考慮が感じられた。さらには、日本が先鞭をつけたFTA交渉の主導権を取り戻そうとするかのような思惑もみえ隠れした。その状況は、日本に本格的な東アジア構想の構築を迫った。

その具体化が、二〇〇二年一月十四日のシンガポールにおける小泉純一郎首相の政策演説であった。小泉は、日本・ASEAN関係を中核として、「ASEAN＋3」の枠組みを活用、拡大し、中国を含めた様々な地域協力の契機を包摂する東アジア「コミュニティ」の創設をよびかけた。小泉は、政策演説の前日に署名された日本・シンガポール経済連携協定（いわゆる自由貿易協定）に重要な先例として言及しながら、「日本・ASEAN包括的経済連携構想」を提起した。さらに、「ASEAN＋3」の諸国に加え、オーストラリアとニュージーランドが「コミュニティ」の中心的メンバーとなっていくことに対する期待を表明した。

小泉スピーチに明示的なASEANとの対等な関係を中核とする外交、そしてそれをオーストラリアやニュージーランドに広げる発想は、まさに本書のいうミドルパワー外交のイメージに近似する。ASEANとの対等な関係への視角は従来から日本外交の特徴であったが、ここでさらに興味深いのは、オーストラリアやニュージーランドへの言及である。そこには、長期的に東アジア地域協力の進展をにらんで、中国との一対一の衝突を演出するのではなく、ミドルパワー連携による競争をしかけたという意味合いが読みとれるのである。

†対中市民社会戦略

今日、一歩日本の外にでると、日本の現状とは反対に、中国との競争や対抗を外交の主軸としている国は皆無である。にもかかわらず、多くの東アジア諸国が注視し、警戒しているのも、中国の動向である。要は、中国周辺に位置する国々は、多かれ少なかれ中国への懸念を有しながらも、けんかができるとも思っていないのである。日本は、そうした東アジアの現実を踏まえたうえで対中戦略を定めないことには、東アジア諸国との連携外交も動かない。

中国中心の東アジア秩序は、アメリカによる干渉を排除しようとする動機を反映したものになる可能性がある。中国の政治学者や軍関係者が東南アジアとのＦＴＡを論ずるとき、日米同盟やミサイル防衛、さらには台湾支援等を利用したアメリカによる対中包囲網を打破するという目的が、ほぼ常識的議論として語られている。

そこでの問題の核心は、アメリカを排除しようとする衝動と無縁ではない中国中心の地域主義の趨勢が、果たして安定するのか、そしてそれは東アジアおよび世界にとって平和と安定をもたらすのか、ということにあるだろう。

そこでの中核的要素は、人間の尊厳に立脚した自由と民主主義という価値の問題である。それが、ミドルパワー連携を推進する外交の核心でもある。事実、上で述べたように、二〇〇二年一月のシンガポールにおける小泉スピーチが、東アジア共同体の重要なメンバーとしてオーストラリアとニュージーランドを含めたことには、中国中心の閉じた東アジアの可能性を封じようとする日本の狙いが反映されていた。そしてそこには、根底において、アメリカに通じる価値の問題が潜んでいる。

その際、価値に根ざす外交を一国主義的手法でやや強引に推し進める傾向のあるアメリカに対しては、同盟関係を維持しつつも、手法において異議申し立てを行う場面がでてくるだろう。本書で繰り返し述べたように、日本のアメリカに対する主体的外交は、安全保障関係の基盤が強固であればあるほど効果をもつといえる。その種の外交資産の上に、アジア諸国との連携を築くのである。

その上で日本の対中戦略は、中国の市民社会への働きかけを重要な柱にすべきである。依然として共産党支配体制に揺るぎはないものの、中国にも市民社会は着実に育ち、その多元化は急速に進んでいる。

かつて（二〇〇五年前後）筆者は、笹川平和財団が北京大学の大学院生に奨学金を支給し、その奨学生を日本に招いて日本の大学教授による修士論文の指導を行うプロジェクトに関わった。そのとき、北京大学において、北京大学の教授と共にその奨学生の選考を行ったことがあった。その際に北京大学側が選考試験問題として準備したのは、法律の裏づけのない自由から真の民主主義は生まれないという主旨を論じた、「法律、自由、民主主義」と題する英文の論考であった。

中国の最高学府での教育の実態は、ここまで進んでいる。しかも、この日中共同プロジェクトを、中国の国営テレビが特集を組んで報道したこともあった。これが中国社会の現状を代表するものではないが、中国社会の多元化が進んでいることの証左であることは間違いない。日本の対中市民社会戦略は、十分に実体のある話なのである。近年の中国では、習近平体制下において言論の統制等が強化される傾向にあるが、それは中国社会で水面下における民主主義が浸透していることを示す証左に他ならない。

以上を背景とした日本の対中戦略の中長期的目標は、日中関係をさまざまな層において多元化させることにおかれるべきだろう。日本、日中関係、そして世界情勢に関して、多様な見識をぶつけ合う多くのパイプが、両国の市民社会の間に構築されることが望ましい。そして、多元主義が究極的に生みだすバランスをめざすのである。

しばしば日本外交を悩ませる歴史問題も、中国をはじめとするアジア諸国に対する市民社会戦略に組みこんでいきたい。実は、日本のミドルパワー外交にとっての最大のボトルネックは、歴史問題である。侵略戦争の歴史を反省していないという、アジア内外の多くの国に定着しているステレオタイプから価値を語る日本をながめたとき、信頼がともなわないのである。内向きで後ろ向きの改憲論議が、その傾向をさらに助長している。

それは、ミドルパワー外交の基盤とでもいうべき日本の軍事力や日米安保関係の位置づけの曖昧さにも通じる問題である。戦後レジームから脱却することが目的であるかのような改憲論や歴史認識ゆえに、日本の実質的なミドルパワー外交の基礎に大国外交から決別した防衛安保政策があるということが伝わらないのである。

このことは、相手の認識が正しいとか間違っているという問題ではない。日本にとって由々しいのは、諸外国に存在する堅固なステレオタイプである。それが誤りだといって反発する対応は、日本の願望とは裏腹に、むしろ諸外国のステレオタイプを強化してしまう。

歴史問題に関する戦略的対応は、日本外交を縛る悪循環を断ちきるものでなければならない。すなわち、ステレオタイプをほぐすことである。多元的な市民社会の交流が、そうした道筋をつけることになる。それが拡大すれば、明治維新以降の日本の歴史は実に濃密であり、日本におけるアジア侵略に関する歴史認識も決して一様ではないことが理解されるだろう。その過程で、我々のなかに無意識に存在するステレオタイプもあぶりだされれば、好循環がはじまる。

現在日中間に存在する歴史問題をめぐる対立は、お互いがお互いの歴史認識の「誤り」を攻撃するという後向きの歴史論争の様相を呈している。改憲論同様、未来を向いた歴史論争を定着させなければならない。そのためには、各国の政治的意思が不可欠であり、日本の政治的意思でその端緒を切り拓きたいものである。

そうした流れが生まれてはじめて、憲法九条をあの戦争の歴史から引きはがすプロセスが始まるのだと思う。憲法九条と日米安保条約の間の矛盾を抱え込んだ「戦後」が悪循環から抜け出せない根源的理由は、歴史問題にこそあるのである。

参照文献

安倍晋三『美しい国へ』（文春新書、二〇〇六年）
「慰安婦問題を巡る日韓間のやりとりの経緯～河野談話作成からアジア助成基金まで～」（河野談話作成等に関する検討チーム、平成二六年六月二〇日）
http://www.mofa.go.jp/files/000042173.pdf
五百旗頭真編『戦後日本外交史』（有斐閣、一九九九年）［第3版補訂版、二〇一四年］
大嶽秀夫「自由主義的改革の時代（六）中曽根政治の理念と政策」『選挙』第四六巻第六号（一九九三年六月）
大嶽秀夫「自由主義的改革の時代（七）中曽根外交の『国際貢献』とその背景」『選挙』第四六巻第八号（一九九三年八月）
大嶽秀夫編『戦後日本防衛問題資料集』全三巻（三一書房、一九九一年、一九九二年、一九九三年）
緒方貞子（添谷芳秀訳）『戦後日中・米中関係』（東京大学出版会、一九九二年）
高坂正堯『海洋国家日本の構想』（中央公論社、一九六五年）［中公クラシックス、二〇〇八年］
高坂正堯『宰相吉田茂』（中央公論社、一九六八年）［中公クラシックス、二〇〇六年］
坂元一哉『日米同盟の絆――安保条約と相互性の模索』（有斐閣、二〇〇〇年）

櫻田大造『カナダ外交政策論の研究――トルドー期を中心に』（彩流社、一九九九年）
佐竹知彦「日米同盟の『グローバル化』とその行方」添谷芳秀編著『秩序変動と日本外交――拡大と収縮の七〇年』（慶應義塾大学出版会、二〇一六年）
佐藤行雄「一九九五年の節目に向かって――アジア・太平洋地域の安全保障」『外交フォーラム』第六四号（一九九四年一月）
信田智人『官邸――外交政治リーダーシップの行方』（朝日新聞社、二〇〇四年）
菅野完『日本会議の研究』（扶桑社、二〇一六年）
鈴木宏尚「OECD加盟の外交過程――『政治経済一体』路線としての自由陣営における外交的地平の拡大」『国際政治』第一四〇号（二〇〇五年三月）
世界平和研究所編『中曽根内閣史』［3巻――資料篇］（丸の内出版、一九九五年）
田中明彦『安全保障――戦後50年の模索』（読売新聞社、一九九七年）
ヴィクター・D・チャ（船橋洋一監訳／倉田秀也訳）『米日韓　反目を超えた提携』（有斐閣、二〇〇三年）
崔慶原『冷戦期日韓安全保障関係の形成』（慶應義塾大学出版会、二〇一四年）
「内閣総理大臣談話」（平成二七年八月一四日）
http://www.kantei.go.jp/jp/97_abe/discource/20150814danwa.html
永井陽之助『現代と戦略』（文藝春秋、一九八五年）
中島信吾「『同盟国日本』像の転換――ジョンソン政権の対日政策」波多野澄雄編著『池田・佐藤政権期の日本外交』（ミネルヴァ書房、二〇〇四年）

中島信吾『戦後日本の防衛政策――「吉田路線」をめぐる政治・外交・軍事』（慶應義塾大学出版会、二〇〇六年）
中曽根康弘『新しい保守の論理』（講談社、一九七八年）
中曽根康弘『政治と人生――中曽根康弘回顧録』（講談社、一九九二年）
中曽根康弘『二十一世紀日本の国家戦略』（PHP研究所、二〇〇〇年）
中曽根康弘「自立と世界外交を求めて」（聞き手　五百旗頭真）『国際問題』第五〇二号（二〇〇二年一月）
中曽根康弘『中曽根康弘が語る戦後日本外交』（新潮社、二〇一二年）
中西寛「吉田ドクトリン論の形成と変容――その歴史的展開」日本国際政治学会報告ペーパー（二〇〇二年十一月十七日）
中西寛「〝吉田ドクトリン〟の形成と変容――政治における『認識と当為』との関連において」『法学論叢』第一五二巻第五・六号（二〇〇三年三月）
「21世紀日本の構想」懇談会（河合隼雄監修）『日本のフロンティアは日本の中にある――自立と協治で築く新世紀』（講談社、二〇〇〇年）
船橋洋一『アジア太平洋フュージョン――APECと日本』（中央公論社、一九九五年）
渡邉昭夫『日本の近代8　大国日本の揺らぎ　1972～』（中央公論新社、二〇〇〇年）

【関連拙稿】
『安全保障を問いなおす――「九条‐安保体制」を越えて』（NHKブックス、二〇一六年）

「中庸としての『九条・安保体制』」添谷芳秀編著『秩序変動と日本外交――拡大と収縮の七〇年』（慶應義塾大学出版会、二〇一六年）
『米中の狭間を生きる　韓国知識人との対話Ⅱ』（慶應義塾大学出版会、二〇一五年）
「冷戦後の日本外交――なぜ歴史問題が収まらないのか」慶應義塾大学東アジア研究所編『アジア・アフリカ研究――現在と過去の対話』（慶應義塾大学出版会、二〇一五年）
『「普通」の国　日本』（千倉書房、二〇一四年）［田所昌幸、デイヴィッド・ウェルチと共編著］
『戦後日中関係史』（有斐閣、二〇一四年）［国分良成、高原明生、川島真と共著］
「普通の『ミドルパワー』へ――冷戦後日本の安全保障政策」添谷芳秀、田所昌幸、デイヴィッド・ウェルチ共編著『「普通」の国　日本』（千倉書房、二〇一四年）
「冷戦後日本外交の変調と『ミドルパワー』としての選択」波多野澄雄他編『日本の外交　第6巻　日本外交の再構築』（岩波書店、二〇一三年）
「インドシナをめぐる『ジオ・エコノミックス』――ミャンマーを軸に米中印が交錯」『外交』Vol.20（二〇一三年七月）
「中国の台頭と日韓協力――認識の束縛を超えて」小此木政夫、河英善編『日韓新時代と共生複合ネットワーク』（慶應義塾大学出版会、二〇一二年）
「『逆転』後の日中」『外交』No.2（二〇一〇年十月）
「ＥＡＳの位置づけおよびその関係国の動向」東アジア共同体評議会編集『東アジア共同体白書２０１０』（たちばな出版、二〇一〇年）
「日本外交の展開と課題――中国との関係を中心に」『国際問題』第五八八号（二〇一〇年一月）

「戦後日本外交史――自立をめぐる葛藤」日本国際政治学会編『日本の国際政治学・4　歴史の中の国際政治』（有斐閣、二〇〇九年）
「危機の中の日米関係　1970年代」五百旗頭真編『日米関係史』（有斐閣、二〇〇八年）
「吉田路線と吉田ドクトリン」『国際政治』（吉田路線の再検証）一五一号（二〇〇八年三月）
「『ミドルパワー外交』論の来歴」『COLUMNS』Vol.12（Winter, 二〇〇八年）
https://www.jpf.go.jp/cgp/info/columns/pdf/columns08_winter.pdf
「朝鮮半島をめぐる国際政治」宇野重昭他編『日本・中国からみた朝鮮半島問題』（国際書院、二〇〇七年）
「アジア外交の再編――官邸外交を機能させるために」『国際問題』第五五八号（二〇〇七年一月）
『日本の「ミドルパワー」外交――戦後日本の選択と構想』（ちくま新書、二〇〇五年）
「対中外交の日韓比較――日韓安全保障協力の可能性」大畠英樹・文正仁編『日韓国際政治学の新地平――安全保障と国際協力』（慶應義塾大学出版会、二〇〇五年）
「日本からみた米中関係」『アスティオン』63（二〇〇五年十一月）
「東アジア共同体の可能性――日本外交の視点から」国分良成編『世界のなかの東アジア』（慶應義塾大学出版会、二〇〇五年）
「1970年代デタントと日本の対応」『国際問題』第五四六号（二〇〇五年九月）
「アジア外交――敗戦から東アジア共同体へ」『外交フォーラム』（二〇〇五年八月号）
「東アジア安全保障システムのなかの日本」添谷芳秀・田所昌幸編『日本の東アジア構想』（慶應

義塾大学出版会、二〇〇四年）
「日本外交の二重アイデンティティの解消を」松下政経塾編『松下政経塾・国際政治講座』（PHP研究所、二〇〇四年）
「朝鮮半島をめぐる国際政治と日本外交――ブッシュ外交を軸とする新展開」『国際問題』第五二八号（二〇〇四年三月）
「中曽根外交とアジア」日本国際政治学会二〇〇三年度研究大会 部会10「中曽根外交の再検討」（二〇〇三年十月十九日）
「米中和解から日中国交正常化へ――錯綜する日本像」石井明・朱建栄・添谷芳秀・林暁光編『記録と考証 日中国交正常化・日中平和友好条約締結交渉』（岩波書店、二〇〇三年）
「米中関係――同床異夢の戦略的共存」木村汎・朱建栄編『イラク戦争の衝撃――変わる米・欧・中・ロ関係と日本』（勉誠出版、二〇〇三年）
「オーストラリアに学ぶこと――非極戦略の確立へ」『中央公論』第一三九六号（二〇〇〇年九月）
「日本の敗戦と東アジアの変貌」『国際問題』第四八三号（二〇〇〇年六月）
「ASEANと日米中――ASEAN地域フォーラムを中心に」添谷芳秀・山本信人編『世紀末からの東南アジア――錯綜する政治・経済秩序のゆくえ』（慶應義塾大学出版会、二〇〇〇年）
「ASEAN地域フォーラムと中国」高木誠一郎編『脱冷戦期の中国外交とアジア・太平洋』（日本国際問題研究所、二〇〇〇年）
「日本のPKO政策――政治環境の構図」『法学研究』第七三巻第一号（二〇〇〇年一月）

「勢力均衡と協調的安全保障――過渡期の安全保障体制」納家政嗣・竹田いさみ編『新安全保障論の構図』(勁草書房、一九九九年)
「トラック2――知的交流が支える国際秩序」『外交フォーラム』第一二七号(一九九九年三月)
「日本のアジア太平洋外交――グローバリズムと地域主義の交錯」添谷芳秀・赤木完爾編『冷戦後の国際政治――実証・政策・理論』(慶應義塾大学出版会、一九九八年)
「戦後日本外交五二年の軌跡」『外交時報』第一三四五号(一九九八年二月)
「国際政治のなかの日中関係――国交正常化後二五年の軌跡」『国際問題』第四五四号(一九九八年一月)
「一九七〇年代の米中関係と日本外交」日本政治学会編『危機の日本外交70年代(年報政治学一九九七)』(岩波書店、一九九七年)
「米国のアジア太平洋政策におけるASEAN――冷戦後安全保障への一視角」『国際政治』第一一六号(一九九七年十月)
「日米中関係の構造と日本の外交戦略」『外交フォーラム〈臨時増刊〉中国』第一〇巻第一〇号(一九九七年九月)
「アジアの秩序変動と日本外交」『国際問題』第四四四号(一九九七年三月)
「日本外交の中のベトナム」西原正/ジェームス・W・モーリー編著『台頭するベトナム――日米はどう関わるか』(中央公論社、一九九六年)
「米中和解と日米関係」『法学研究』第六九巻第八号(一九九六年八月)
「中国大国化の世界史的意味と日本外交」『外交時報』第一三二六号(一九九六年三月)

『成熟時代の日米論争』薬師寺泰蔵他と共著（慶應義塾大学出版会、一九九六年）
「日中関係における東南アジア」増田弘・波多野澄雄編『アジアのなかの日本と中国——友好と摩擦の現代史』（山川出版社、一九九五年）
『日本外交と中国 一九四五—一九七二』（慶應義塾大学出版会、一九九五年）

あとがき

振り返ってみると、一九九〇年代に、外交安全保障論議をめぐる国論の分裂と「二重アイデンティティ」に根本的な問題意識をもち、ミドルパワー外交というコンセプトに行きついたときは、学問的に探していたものがみつかったというひそかな感慨があった（添谷『「ミドルパワー外交」論の来歴」』）。その発想にたどりついてから二十年が経ち、前著を出版してから十二年が過ぎた。当初、右と左からの反発は想定内であったが、その中間で吉田路線を前提として外交を担ってきた当局者には理解されるのではないかという思いがあった。しかし、それも違った。

前著に対する典型的な誤解は、日本の国力が低下するなかでの縮み志向の外交論との受け止め方であった。しかし、著者の意図はそれとは全く逆であった。ミドルパワー外交論の主旨は、日本の国力と強味を最も効果的に発揮できる、外交戦略の最適解の模索に他ならない。本書で指摘したように、憲法九条と日米安保条約の間の矛盾を解いて、ストレートな外交戦略を打ちたてるための大前提は、あの戦争の歴史に対する国際主義的な視座の確立である。そこに「戦後」を越えるための核心があるのであり、その意味で、戦争の歴史に無頓着な大国論ほど無意味な外交論はないとも思ってきた。

さらに、近年の日本においてミドルパワー外交論が政策当局者のマインドを閉ざす背景に、日中関係の悪化にともなう両国間の感情的悪循環も強く作用していそうである。事実、最近の日本外交は中国と張り合うことを原点に組み立てられているようにすらみえる。しかし、一国では中国に対抗できない日本は、中国に対する抑止を唱えれば唱えるほど、アメリカへの依存を深めざるを得ない。そこで、アメリカへの依存を、中国に対する勢力均衡外交として意味づける議論が生まれる。ところが、日本の勇ましい対中外交論にはアメリカですら腰を引くし、中国への対抗を前面にすえる日本外交に積極的についてくる国は皆無である。

ミドルパワー外交論を「対中融和」とみなす見方も、もうひとつの根本的な誤解である。台頭する中国の外交が一国主義的傾向を強めている昨今、アジアにおけるすべての国にとっての外交戦略の核心に中国の存在がある。そこに中国に対する警戒心や脅威認識が強く作用している国も多い。しかし、多くのアジア諸国にとって、中国に対する懸念を深め警戒しながらも、それへの外交戦略を練ることは、必ずしも抑止や対抗を目的とする直線的な作業ではない。台頭する中国を怖がりながらも、懸命に共存を模索している国がほとんどである（添谷『米中の狭間を生きる』）。

かつて、前著を読んだ中国の研究者が、「日本が本当にミドルパワー外交を行ったら、中国は困ります」と語ったことがあった。読者には、本書から改めてそのことの意味を読み取っていただきたいと願う。

今回このような形でミドルパワー外交論が再び陽の目をみることができたのは、筑摩書房編集局第三編集室の増田健史さんのお声がけがあったからである。増田さんには、前著を手掛けて下さったちくま新書編集部の福田恭子さんが退職したあと、同編集部で引き続き前著を見守っていただいた。その後増田さんが現編集室へ移動となり、ちくま学芸文庫としての改訂版の出版を勧めて下さったのである。

改めて、出版に際しての編集者の陰の力の大きさを感じるとともに、編集作業中も大変丁寧なやりとりで筆者の背中を押してくれた増田さんに、深く御礼を申し上げたい。なお本書には、こうしてお二人の優れた編集者の力が反映されているが、記述の間違い等への全責任が筆者にあることはいうまでもない。

日本が名実ともにミドルパワーと化す前に、本書の問題提起の意味が、少しでも多くの人々に理解され受けとめられることを願うばかりである。

【な　行】

【は　行】

【ま　行】

【さ　行】

【た　行】

事項索引

【欧　字】

【あ　行】

【か　行】

【や　行】

【ら　行】

【た　行】

【な　行】

【は　行】

【ま　行】

人名索引

中国語名は便宜的に漢字の音読みに従って配列した

【あ　行】

【か　行】

【さ　行】

本書は二〇〇五年五月一〇日、ちくま新書として刊行された『日本の「ミドルパワー」外交——戦後日本の選択と構想』を改訂したものである。文庫化に際し、書名を改めた。

言葉と戦車を見すえて　加藤周一　小森陽一／成田龍一編
知の巨人・加藤周一が、日本と世界の情勢について、何を考え何を発言しつづけてきたのかが俯瞰できる論考群を一冊に集成。（小森・成田）

敗戦後論　加藤典洋
なぜ今も「戦後」は終わらないのか。敗戦がもたらした「ねじれ」を、どう克服すべきなのか。戦後問題の核心を問い抜いた基本書。（内田樹＋伊東祐吏）

柄谷行人講演集成 1985-1988
言葉と悲劇　柄谷行人
シェイクスピアからウィトゲンシュタインへ、西田幾多郎からスピノザへ。その横断的な議論は批評の可能性そのものを顕示する。計14本の講演を収録。

柄谷行人講演集成 1995-2015
思想的地震　柄谷行人
根底的破壊の後に立ち上がる強靭な言葉と思想――。この20年間の代表的講演を著者自身が精選した待望の講演集。学芸文庫オリジナル。

増補 広告都市・東京　北田暁大
都市そのものを広告化してきた80年代消費社会。その戦略と、90年代のメディアの構造転換は現代を生きる我々に何をもたらしたか、鋭く切り込む。

インテリジェンス　小谷賢
スパイの歴史、各国情報機関の組織や課題から、情報との付き合い方まで――豊富な事例を通して「情報」のすべてがわかるインテリジェンスの教科書。

愛国心　清水幾太郎
近代国家において愛国心はどのように発展したのか。共同体への愛着が排外的暴力とならないために何が必要か。著者の問題意識が凝縮した一冊。（苅部直）

オーギュスト・コント　清水幾太郎
フランス革命と産業革命という近代の始まりに直面したコントは、諸学の総合として社会学を創った。その歴史を辿り、現代的意味を解き明す。（若林幹夫）

20世紀思想を読み解く　塚原史
「自由な個人」から「全体主義的な群衆」へ。人間という存在が劇的に変質した世紀の思想を、無意味・未開・狂気等キーワードごとに解読する。

アジア解放の夢　日本の百年7　橋川文三編著

内に、東北の大凶作、権力による苛烈な弾圧、昭和維新の嵐。外に、満州国の建設、大陸戦線の拡大、抗日の激流。不安と退廃によどんだ昭和時代前期。

果てしなき戦線　日本の百年8　橋川文三　今井清一編著

日中戦争から太平洋戦争へ戦線は拡大。日本は史上最大の賭けに一切の国力を傾け、そして敗れた。民族の栄光と悲惨、苛酷な現実と悪夢の記録。

廃墟の中から　日本の百年9　鶴見俊輔編著

特攻隊の生き残り、引揚者、ヤミ屋、戦災孤児。新たな明日を夢み、さまざまな思いを抱いて必死に生きた、敗戦直後の想像を絶する窮乏の時代。

新しい開国　日本の百年10　鶴見俊輔編著

一九五二年四月、占領時代が終り、日本は国際社会に復帰。復興の彼方に、さまざまな矛盾と争点を抱える現代日本の原型が現出。（全10巻完結）

明治国家の終焉　坂野潤治

日露戦争後の財政危機が官僚閥と議会第一党の協調による「一九〇〇年体制」を崩壊させた。戦争を招いた二大政党制の迷走の歴史を辿る。（空井護）

近代日本とアジア　坂野潤治

近代日本外交は、脱亜論とアジア主義の対立構図により描かれてきた。そうした理解が虚像であることを精緻な史料読解で暴いた記念碑的論考。（苅部直）

増補　モスクが語るイスラム史　羽田正

モスクの変容――そこには宗教、政治、経済、美術、人々の生活をはじめ、イスラム世界の全歴史が刻み込まれている。その軌跡を色鮮やかに描き出す。

横井小楠　松浦玲

欧米近代の外圧に対して、儒学的理想である仁政を基に、内外の政治的状況を考察し、政策を立案し遂行しようとした幕末最大の思想家を描いた名著。

古代大和朝廷　宮崎市定

記紀を読み解き、中国・朝鮮の史料を援用して、日本の古代史を東洋と世界の歴史に位置づける、壮大なスケールの日本史論集。（砺波護）

ちくま学芸文庫

日本《にほん》の外交《がいこう》「戦後《せんご》」を読《よ》みとく

二〇一七年十月十日　第一刷発行

著　者　添谷芳秀（そえや・よしひで）
発行者　山野浩一
発行所　株式会社　筑摩書房
東京都台東区蔵前二—五—三　〒一一一—八七五五
振替〇〇一六〇—八—四一二三
装幀者　安野光雅
印刷所　三松堂印刷株式会社
製本所　三松堂印刷株式会社

乱丁・落丁本の場合は、左記宛にご送付下さい。
送料小社負担でお取り替えいたします。
ご注文・お問い合わせも左記へお願いします。
筑摩書房サービスセンター
埼玉県さいたま市北区櫛引町二—六〇四　〒三三一—八五〇七
電話番号　〇四八—六五一—〇〇五三

ISBN978-4-480-09829-0　C0131